Gaetano Cappelli

Karrieren und Affären

Erzählungen

Aus dem Italienischen von Ulrich Hartmann

Diogenes

Titel der 1991 bei Edizioni Frassinelli,
Mailand, erschienenen Originalausgabe:
›Mestieri sentimentali‹

Das Eingangszitat aus dem Lied ›My boss‹
von Linda di Franco
Umschlagillustration: Yasuyo Morisawa

*Das erzählte Geschehen
ist frei erfunden.
Irgendwelche Ähnlichkeiten mit
tatsächlichen Personen,
seien sie lebend oder tot,
sind rein zufällig.*

60/94/24/1
ISBN 3 257 06008 4

Für Bobbi, Moki und Brenda,
die keine Bücher lasen

Inhalt

Honey

I want lips to lips
round your pelvis
move your hips
honey
honey
my boss has taken all my heart
and now it's tearing it apart
Linda di Franco

Sie hat den Wagen zum Stehen gebracht. Das Radio eingeschaltet, das sie hinter meinem Sitz hervorgeholt hat. Ich bin still sitzen geblieben, zurückgelehnt. Mit einem Seufzer hat sie es ins Armaturenbrett geschoben. Unter uns die Lichter der Stadt: von hier aus wirkt sie direkt schön, alles ist so scharf und klar. Ich betrachte das grünliche Schimmern des Radios, das sie von ihrem ersten Gehalt gekauft hat. Denke an den Tag, als sie im Büro aufgetaucht ist.

Ich weiß, daß eine der Sekretärinnen aus der Kreditabteilung einen Nervenzusammenbruch hatte und eine Vertretung einspringen soll. Als ich sie zum erstenmal sehe, macht sie keinen besonderen Eindruck auf mich. Mir fällt nur auf, daß sie elegant ist, eleganter, als man es von einer Aushilfssekretärin erwartet. Sie trägt einen tabakbraunen Rock und eine Seidenbluse, ihr Haar ist blond, gepflegt. Sie ist jung, wirkt aber nicht unerfahren. Sie schaut mich an, klimpert mit den Wimpern, streicht die Haare mit der Hand zurück. Es ist April. Draußen vor der Spiegelglasfront der Bank brennt die Sonne ungewöhnlich heiß. Ich trage einen grauen Anzug, eine Krawatte mit kleinen Elefanten von Hermès zu einem hellblauen Hemd und mache meine ersten Erfahrungen mit dem, was man Erfolg nennt.

Es ist alles so schnell gegangen. Vor fünf Monaten bin ich mit dem Vorsatz hierhergekommen, so kurz wie möglich zu bleiben. Städte wie diese kann ich einfach nicht ertragen. In einer Stadt wie dieser bin ich nämlich geboren. Dann lerne ich Laura kennen, und alles sieht ganz anders aus.

Paolo Ricciulli ist einer von denen, die einfach nur so arbeiten, weil sie nichts Besseres zu tun haben. Seiner Mutter gehörte das Grundstück, auf dem heute die Bank steht, eine Art Festung aus Glas und Beton. Er war sozusagen im Kaufpreis inbegriffen, so etwas wie eine extravagante Zierpflanze. Ich muß sagen, er macht schon etwas her, mit seinen maßgeschneiderten Anzügen und der Art, wie er redet und seinen imposanten Bauch vor sich herschiebt. Jedenfalls bin ich ihm sympathisch – und in gewissem Sinn ist er mir auch sympathisch –, vielleicht weil er sich nur mit mir darüber unterhalten kann, was und wen er in seinen zehn Jahren als Student in Rom alles kennengelernt hat. Auch heute fährt er noch oft hin, und wenn er zurückkommt, ist er immer ganz aus dem Häuschen und muß mir unbedingt von den Lokalen, die gerade in Mode sind, erzählen: ob ich das kenne, ob ich jenes kenne, ob ich schon in dem neuen gewesen bin, das vor einem Monat aufgemacht hat – das andere, nein also, das ist nicht mehr wie früher. Er kennt sich besser aus als ich, und das Gefühl soll er auch ruhig haben.

Er kneift die Augen zusammen, wiegt zufrieden den Kopf, legt mir eine Hand auf die Schulter und meint: »Mit ein bißchen gutem Willen kann man sich auch hier bei uns amüsieren. Was machst du denn abends, so ganz allein, hm? Komm doch mit auf diese Party. Nichts Umwerfendes, aber man hat doch wenigstens Gesellschaft...«

So jede dritte oder vierte dieser Einladungen nehme ich an. Gewisse Freundschaften muß man einfach pflegen. Und außerdem halte ich die Abende mit meinen Zimmernachbarn langsam nicht mehr aus. Sie arbeiten an der Universität und reden stundenlang über Stellenausschreibungen, Titel, Examen – ich habe mir wirklich schon überlegt, in eine andere Pension zu ziehen.

So gerate ich also auf ein Fest vom Roten Kreuz. Wenn ich schon einmal da bin, schaue ich mich auch ein bißchen um. Damen, alles Damen, alle sehr fein. Das heißt, es ist eine jüngere dabei, die mir vielsagend zulächelt. Mir fällt ein, was mein Chef beim Abschied zu mir gesagt hat: »Gib acht, keine Abenteuer mit verheirateten Frauen, oder du setzt deine Karriere aufs Spiel.«

Irgend jemand fängt an, neapolitanische Lieder zu singen, ein bißchen ordinär, aber das scheint keinen zu kümmern. Dann wird getanzt, Polonaise, es folgt die Wohltätigkeitslotterie, all das, was eben dazugehört. Paolo Ricciulli ist ein Typ, der sich immer amüsiert, auch in solchen Situationen. Er ist verschwitzt und fröhlich, das sehe ich aus der Ecke, in die ich mich verdrückt habe, um dem schlechten Atem jenes Herrn zu entkommen, der mir einen Vortrag darüber halten will, wie anständig die Leute hier sind: blauer Blazer und graue Hosen, faule Zähne und ein dickes Konto bei der Bank, wo ich arbeite. Ricciulli erlöst mich schließlich, führt mich an einen Tisch mit jungen Leuten. Das sind die Söhne und Töchter der Damen. Sie kommen immer erst später. Das ist hier so üblich, erklärt er mir.

Sie fällt mir sofort auf: Sie ist elegant, tipptopp gekleidet, doch irgend etwas stimmt nicht ganz. Ich weiß auch nicht, aber sie wirkt ein bißchen verkrampft. Paolo stellt mich der Gruppe vor. Man beachtet mich kaum. Und sie am allerwenigsten. Ich beobachte sie, wie sie redet. Sie spannt die Halsmuskeln an. Ihr Kopf ist unnötig viel in Bewegung. Paolo hat gleich gemerkt, daß ich sie anschaue. Er rückt näher, sieht mich nicht an, bewegt kaum die Lippen, während er sagt: Sie heißt Laura Brando, ist ein nettes Mädchen, höchstens ein bißchen langweilig, hat vor kurzem ihrem früheren Professor von der Uni, dreißig Jahre älter als sie, den Laufpaß gegeben, man sollte sie im Auge behalten, sie ist die Tochter von... Er kann nicht weitersprechen, weil zwei Leute auf ihn zukommen. Paolo begrüßt sie. Noch ein halbes Lächeln auf den Lippen, dreht er sich zu mir um. Er nickt zufrieden.

Sie sitzt auf der anderen Seite des Tisches mir gegenüber, und ich sehe sie mir an. Wenn ich mich nach vorn beuge, kann ich verstehen, was sie zu dem mageren Mädchen sagt, das neben ihr sitzt. Sie redet über ein Buch, das mir ein Mitbewohner in der Pension geliehen hat. Einen Monat lang hat es auf meinem Nachttisch gelegen.

Auf dem weißen Umschlag ist die Zeichnung einer Lokomotive. Ich habe nur den Klappentext und die ersten beiden Seiten gelesen, mehr habe ich nicht geschafft. Viel ist das nicht, aber es reicht, um ein Gespräch anzuknüpfen.

Sie fragt: »Liest du gern?«

Ich zucke die Achseln: »Ein gutes Buch vor dem Einschlafen ist nicht zu verachten.«

Sie beugt sich zu mir herüber. Das magere Mädchen stößt einen Seufzer aus und verzieht sich. Ich setze mich neben sie. Wir reden über alles mögliche. Es ist schon spät, als sie sich verabschiedet. Sie wirkt jetzt ganz entspannt. Wir beschließen, uns am nächsten Tag wiederzusehen, und am Tag darauf ebenfalls. Nach einem Monat und ein paar Tagen bin ich mit der Tochter des größten Aktionärs am Ort verlobt. Das war es, was Paolo mir sagen wollte. Ich weiß nicht recht, was eine wie sie an mir findet. Vielleicht braucht sie einen Schuß Normalität nach ihrer Geschichte mit dem Uropa. Das denke ich mir jedenfalls.

Sie hier ist völlig anders. Sie nimmt eine Zigarette. Schiebt den Zigarettenanzünder wieder hinein und starrt geradeaus, eine Hand am Steuer. Sie ist nervös. Ich habe die Erfahrung gemacht, daß es besser ist, sie dann in Ruhe zu lassen, nichts zu sagen. Sie schlägt die Augen unter den langen Wimpern nieder, dreht an dem Armband, das ich ihr geschenkt habe, sucht einen anderen Sender. Eine Stimme sagt: »*Radio sud sud*, das ist echtes Radio.« Sie wechselt noch einmal den Sender. Ich schaue hinunter auf die Autos, die sich mit einem kurzen Spurt auf der Autobahn einfädeln. Die Silhouette der umliegenden Hügel hebt sich so dunkel und deutlich davon ab, daß sie ihren eigenen Glanz zu haben scheint, leuchtend, vor dem Himmel, der sich rosa, hellblau, indigoblau, immer tiefer blau verfärbt, und dort oben ein Stern, der glitzert wie ein Diamant auf dem Samtkissen beim Juwelier. Mir geht durch den Kopf, daß sie das genaue Gegenteil von Laura ist.

Das habe ich schon im ersten Augenblick an jenem Morgen gemerkt, an der Art, wie sie ihr Haar zurückgestrichen und mit den Wimpern geklimpert hat. Ich habe sofort gedacht, daß es mit ihr etwas wird.

Nach Büroschluß dann schiebe ich mich neben ihren roten Polo. Ich sehe zu ihr hinüber. Sie starrt nach vorn auf die Straße, obwohl ich sicher bin, daß sie mich gesehen hat. Sie dreht den Kopf einen Grad, wirft mir einen Blick aus den Augenwinkeln zu. Ich hebe die Hand eine Spur weit vom Steuer. Sie lächelt, den Blick immer noch nach vorn gerichtet. Ich lege die Hand wieder aufs Lenkrad und gleite an ihr vorbei.

Am Morgen stehe ich früher auf als gewöhnlich. Ich gebe mir beim Ankleiden besondere Mühe. Auf meinem Bett sind fünf Hemden und eine ganze Reihe Krawatten ausgebreitet. Ich sehe, wie sich das Sonnenlicht an den Metallatten des Zaunes bricht, der die Straße von dem Park trennt, durch den ich jeden Tag zur Arbeit gehe. Dahinter joggt eine Blondine in einem grauen Trainingsanzug. Mit einer ruckartigen Kopfbewegung sehe ich ihr hinterher. Nein, sie ist es nicht. Sie ist nicht einmal blond. Eine attraktive Brünette, doch die beachte ich gar nicht.

Ich lasse mir verschiedene Vorwände einfallen, um hinunter in die Kreditabteilung zu gehen. Sie sitzt an der

Schreibmaschine. Mit dem Rücken zu mir. Dreht sich nicht um. Tippt weiter. Ich frage sie irgend etwas. Frage sie, ob ihr die Arbeit gefällt.

Sie zuckt die Schultern: ja, im großen und ganzen. Ihr liegt daran, mir zu verstehen zu geben, daß sie weiterkommen will. Sie studiert Betriebswirtschaft. Sie duzt mich, sagt: »Ich habe die Stelle nur angenommen, um einen ersten Einblick in die Arbeitswelt zu bekommen.« Sie redet sehr vernünftig.

Mir liegt daran, ihr zu verstehen zu geben, daß ich hier etwas zu sagen habe: »Am Anfang ist es immer schwierig, und schließlich fühlt man sich sogar wohl.«

Sie lächelt.

In der Ausfahrt überhole ich diesmal einen alten Lancia in einem schönen Metallic-Blau. Sie sitzt darin. Am Stoppschild halte ich an und warte auf sie. Ich drücke auf den Fensteröffner. Schnell und geräuschlos gleitet die Scheibe nach unten. Sie schaut mich an.

Ich sage: »Toller Wagen, wo hast du den her?«

Sie macht eine Handbewegung, daß sie nicht verstanden hat, beugt sich über den Beifahrersitz. Das Fenster ihres Wagens quietscht.

Ich sage noch einmal: »Toller Wagen, wo hast du den her?«, doch diesmal klingt es wie ein Satz aus einem schlecht synchronisierten Film.

Sie antwortet: »Er gehört meinem Vater.«

»Toller Wagen«, sage ich. Pause. »Hat die gleiche Farbe wie das Auto von Grace Kelly in *Über den Dächern von Nizza*.« Das habe ich von einem Freund, der sich mit Frauen auskennt, aber ich bringe es wirklich gut. Ihr gefällt es auch. Durch ihre Wimpern wirft sie mir einen sehnsüchtigen Blick zu. Und lächelt. Sie legt den Gang ein und fährt an mir vorbei.

Ich gehe immer häufiger hinunter in die Kreditabteilung. Abends warte ich, daß die Bank sich leert. Sie ist unten und tippt endlose Listen. Spricht über ihre Arbeit, ihren Chef: »Ich glaube, er ist ziemlich zufrieden mit mir. Er meint nur, daß ich zu viele Überstunden mache.«

Ich sage: »Keine Sorge. Ich rede mit ihm. Du tust, was du für richtig hältst.«

Sie sagt, daß sie keine Lust mehr zum Studieren hat und ganz gerne weiter arbeiten würde.

Das habe ich erwartet, geht mir durch den Kopf. Ich weiß nicht, warum, doch ich war mir sicher, daß sie früher oder später damit kommen würde. Ich sage: »Wir schauen einmal, was sich machen läßt.«

Wir sind ganz allein im Büro. Ich sehe unser Spiegelbild in den Scheiben. Dahinter färbt sich die Sonne rot.

Ein paar Abende später lade ich sie ein, mich zu begleiten. Einfach so. Wenn die Dinge bei dir derart gut laufen – du hast nach sechs Monaten eine Beförderung bekommen, die du sonst vielleicht in zehn Jahren schaffst, du stehst kurz davor, die Frau, die du liebst, zu heiraten, und diese Frau ist zufällig steinreich –, fühlst du eine Art Elan, eine komische Euphorie, du fängst an zu denken, daß du der geborene Sieger bist, daß du dir alles nehmen kannst; und Laura ist weit weg, bei einem ihrer Kongresse.

Ich habe die Feldwege ausgekundschaftet, die man von

der Bank am leichtesten erreicht, und die Routen meines zukünftigen Schwiegervaters genau berücksichtigt. Es wäre peinlich, ihm in einem seiner Luxusschlitten zu begegnen.

Es fällt ein leichter Frühlingsregen. Seit Tschernobyl ist eine Woche vergangen. Ich lasse das Fenster herunter. Die Luft ist so lau wie in einem gewöhnlichen Mai. Zufrieden sehe ich im Rückspiegel den roten Polo hinter mir. Ich halte an. Als wir zu Fuß an einem verlassenen Haus vorbei über die Wiese gehen und meine Schuhe durch und durch naß werden, denke ich an die Typen in ihren Plastikschutzanzügen, die ich mittags im Fernsehen gesehen habe, wie sie die Radioaktivität einer ähnlichen Wiese gemessen haben. Ich hoffe, sie hat beim Mittagessen nicht ferngesehen. Von unten kommt ein weißes Auto in unsere Richtung den Hügel hochgefahren. Wir gehen hinter die Mauern eines verfallenen Hauses. Das Gras steht höher, als ich dachte. Alles ist voller Blumen. Ich habe noch nie so viele auf einmal gesehen. Vielleicht ist es wegen der Strahlung, überlege ich. Sie soll ihr Wachstum sogar fördern. Das der Blumen, meine ich. Ich sehe eine entvölkerte Erde vor mir, bedeckt von einem riesigen Regenwald.

Ich fasse ihre Hand. Ziehe sie an mich. Sie ist weich wie ihr rosa Pullover. Sie lächelt. Ich will sie gerade küssen, da sagt sie: »Und Laura?«

Ich weiß nicht, was ich antworten soll, frage: »Laura?« Und tief durchatmend: »Wo hast du das denn her?« Es ist das erste, was mir einfällt.

»Im Büro wird über nichts anderes geredet.«

»Aber was hat das mit uns zu tun? Schließlich bin ich nicht verheiratet.«

»Bald wirst du es sein.«

»Das weiß man nie.« Ich drücke sie wieder. Versuche, sie zu küssen.

»Nein, ich bitte dich, das lasse ich nicht mit mir machen. Ich habe schon allein genug Schwierigkeiten, deine brauche ich nicht auch noch dazu.« – Ihr Vater läßt ihr keine Luft zum Atmen, ihr Bruder spioniert ihr nach, die Stadt engt sie ein. – »Wenn ich wenigstens eine Arbeit hätte, könnte ich ausziehen und mein eigenes Leben führen«, sagt sie.

Ich höre ihr verständnisvoll zu, auch wenn all diese Geschichten mich zu Tode langweilen. Ich sage, daß ich alles tun werde, um ihr zu helfen, ihr eine Anstellung zu besorgen, obwohl ich weiß, daß es unmöglich ist, schließlich kann ich nicht zum Direktor sagen: »Wissen Sie, sie ist meine Geliebte.« Aber es ist mir ganz egal, daß ich ihr etwas vormache. Ich fühle mich wie ein schmutziger alter Mann, der kleine Mädchen mit Bonbons verführt, doch ich höre trotzdem nicht auf. Die Wahrheit ist, daß ich sie will, jetzt. Sofort.

Ich nehme ihre Hand, rücke dicht an sie heran, schaffe es, sie zu küssen. Und für diesen Abend ist das alles. Als ich ins Auto steige, spüre ich ein merkwürdiges Brennen an den Füßen. Die Schuhe haben bestimmt lauter Strahlung abbekommen. Ich denke, daß sie bescheuert ist. Völlig bescheuert.

Ich schaffe es nicht, mich im Büro von ihr fernzuhalten. Kaum sind wir allein, stürze ich mich auf sie. Es scheint ihr zu gefallen. Dann, ohne irgendeinen Grund, wird sie abweisend. Ich bin enttäuscht, frage sie, was denn los ist. Sie sagt, daß sie sich nicht danach fühlt, sich das Leben nicht komplizieren will, daß sie Sicherheit braucht, eine feste Beziehung, Ausgeglichenheit. Sie schaut mich ernst an, während sie das sagt. Mit zwanzig Jahren hätte ich niemals an solche Dinge gedacht. Mir geht durch den Kopf, wie verschieden die Menschen sind.

Ich sage: »Schon gut, aber laß es uns wenigstens versuchen, dann sehen wir, was passiert.«

Und sie: »Neulich abends habe ich euch gesehen... vor ihrer Wohnung. Ihr paßt so gut zusammen. Nein, ich kann dich nicht mit einer anderen teilen.« Sie macht sich klein, schmiegt sich an mich. Schweigt. Ihre wahre Liebe schmeichelt mir. Sie sagt, ich sei der Mann, den sie immer lieben würde, umarmt mich, doch mir ist ziemlich unklar, woran sie denkt, wenn ich sie küsse. Sie bleibt kalt. Ich spüre ihren Busen an meiner Brust und kann mir einiges vorstellen. Ich verzichte darauf zu verstehen, ich meine: zu verstehen, was sie denkt.

Wir werden so etwas wie platonische Liebende. Jetzt ist sie es, die unter irgendeinem Vorwand herauf in mein Büro kommt. Sie schließt die Tür, tritt näher. Wenn ich sie fester umarme, stößt sie mich zurück. Ich schenke ihr eine Sonnenbrille von Optical Affairs.

Wenn ich mit Laura zusammen bin, habe ich keine Zweifel, daß sie die Frau meines Lebens ist, doch kaum daß ich die andere sehe, na ja, da bin ich einfach nicht mehr so sicher. Ich dachte, alles würde schnell über die Bühne gehen, statt dessen sitze ich in der Klemme.

Es wird immer später dunkel. Die Hügel rings um die Stadt sind voller Autos mit Pärchen. Es besteht ständig die Gefahr, daß uns jemand sieht. Wir fahren noch einmal hinaus. Ich habe eine sichere Stelle entdeckt. Da ist nur eine Sache, die mir auf die Nerven fällt.

Während ich sie küsse, fängt sie an, von der Arbeit zu erzählen, von irgendeinem Problem im Büro: Sie ist eine musterhafte Angestellte, alle sind sehr zufrieden mit ihr. Ich halte es nicht mehr aus, ihr zuzuhören. Also schiele ich auf ihre Brüste unter dem blauen Pullover. Sie schaut nach unten, auf den Rauch der Müllverbrennungsanlage, hinter dem die Stadt fast verschwindet.

Ich sage: »Nebel... ich mag Nebel, er ist so leicht, trägt dich mit sich fort. Sieh nur, es ist, als wären wir in einer anderen Welt, du und ich.« Ich sehe sie fest an. Muß mich anstrengen, ihr nicht ins Gesicht zu lachen. Sie schaut mich mit sanften Augen an. Nein, sie weiß nichts von der Müllverbrennungsanlage. Mir fällt auf, daß die kaputte Umwelt bei unseren Rendezvous immer gegenwärtig ist. Ich lache. Sie fragt mich, warum.

»Das passiert mir immer, wenn ich etwas Romantisches sage.«

Sie lächelt, umarmt mich. »Erzähl mir von den Frauen, die du gehabt hast. Nicht von denen, die du geliebt hast. Von denen, die du begehrt, körperlich gewollt hast.«

Wir sitzen jetzt im Gras, sie zwischen meinen Beinen. Ich beginne, Geschichten zu erzählen, die halb erfunden sind. Ganz erfunden. Je unglaublicher sie sind, desto aufmerksamer wird sie. Ich lege eine Hand auf eine ihrer Brüste. Wundere mich über den Umfang. Sie sahen so klein aus. Sie sind birnenförmig. Meine Hände wandern nach unten. Sie stoppt mich. Sagt mir, ich soll weitererzählen. Ich bin ihr gar nicht einmal böse. Habe Geschmack daran gefunden. Jetzt fühle ich mich wirklich wie in einer anderen Welt. Und ich rede und rede und rede. Erzähle die Geschichte zu Ende, die ich angefangen hatte, und denke mir eine noch unglaubwürdigere aus. Sie hört mir zu, als wäre alles wahr. Dann legt sie sich auf mich und küßt mich, wie sie mich noch nie geküßt hat. Ich versuche es noch einmal, doch ohne Überzeugung. Weiß schon, wie das ausgeht. Und wirklich: Sie steht auf, sagt, daß sie gehen muß. Ich schaue auf den sich verdichtenden Rauch unter uns: »Sicher, es ist spät geworden.«

Paolo Ricciulli steckt sein zufriedenes Gesicht durch die Tür. Er preßt die Lippen zusammen, schiebt seine Brille auf die Stirn hoch und sagt: »Komm mal einen Moment.« Er hat dieses typische Lächeln. Als ich aufstehe, klingelt das Telefon. Ich werfe einen Blick darauf.

»Laß es klingeln«, sagt er.

Ich folge ihm, sehe auf seine fetten Schultern in der enganliegenden, nußbraunen Jacke aus leichtem Stoff. Seine Haare reichen ihm knapp über den Kragen des blaugestreiften Hemds. Er dreht sich um. Ich frage ihn: »Was gibt's?«

Mit geöffneten Handflächen macht er eine Geste, daß ich mich gedulden soll. Er hakt mich unter, wiegt zufrieden den Kopf. Wir fahren mit dem Aufzug in die Garage. Er wirft einen Blick auf seine Uhr.

Es ist quer über zwei Plätze geparkt. Ich sehe, wie es

sich in der ein wenig schrägen Glaswand der Garage spiegelt. Wie eine glänzende Skulptur aus Stahl. Ich gehe näher heran, lasse meine Finger über die verchromte Zierleiste an der Wagentür gleiten, sage: »Wunderschön.«

Von weitem höre ich Ricciullis Stimme. Ich streichle über den Rand des Armaturenbretts aus Nußbaum, drücke auf einen Knopf, und der Sitz hebt und senkt sich mit einem Brummen. Wie ist es möglich, daß man sich derart in ein Auto verlieben kann. Wir biegen ab, Richtung Autobahn. Gleißendes Mittagslicht. Flaumiger Pappelsamen fliegt durch die Luft, und ich sage: »Vielleicht sollte ich zurück.« Ricciulli schaut mich an und meint: »Nur die Ruhe. Und außerdem: Denk daran, es ist dein letzter Sommer als Junggeselle. Amüsier dich lieber.«

Ich beobachte ihn, während er nach dem Stand der Sonne sieht. Er hält an, macht die Tür auf, gibt mir ein Zeichen, sitzen zu bleiben. Vor mir liegt der Strand, die blaue Weite des Meeres. Ich drehe mich auf dem Sitz um. Er räumt den Kofferraum aus. Fett und flink, wie er ist. Dann höre ich seine Stimme. Draußen weht ein lauer Wind, der lange Schatten der Heckklappe fällt auf ein Tischchen, auf dem ein Kelchglas steht, eine Karaffe aus mattem Glas und Obst, daneben zwei geometrische Stühlchen aus Aluminium und Perspex. Auf einem davon sitzt Ricciulli: mitsamt Jackett und Krawatte, die Beine ausgestreckt und sein Kelchglas in der Hand. Ich betrachte sein fettes Gesicht, während er mir zuprostet, lächelt, das Glas an die Lippen führt und seinen Blick den duftigen Wolken am Horizont zuwendet.

Ich sehe sie am Abend auf dem Corso. Auch außerhalb vom Büro kommt sie mir sehr schön vor. Sie ist mit ein paar Jungen unterwegs. Einer ist groß, mager, trägt eine Jeansjacke und hat einen krummen Gang. Ich bin mit Laura zusammen. Wir überholen sie. Ich drehe mich um und sehe sie an. Unsere Blicke treffen sich. Unser Lächeln ist ein Lächeln, das alles bedeutet. Doch niemand außer uns beiden bemerkt irgend etwas. Es dauert nur den Bruchteil einer Sekunde. Eine perfekte Gleichzeitigkeit. Ich fühle mich unbesiegbar, weit weg, meine Schritte sind präzise, meine Bewegungen exakt, während ich Laura antworte, die mir irgend etwas in einem Schaufenster zeigt.

Am nächsten Morgen schaut sie mir nicht einmal ins Gesicht, ist unnahbar, ohne irgendeinen Grund. Sie ist es, die über alles entscheidet. Den ganzen Tag denke ich an nichts anderes. Ich begreife, daß sie mich in der Hand hat, daß ich Schluß machen und ein bißchen Ordnung in mein Leben bringen muß.

Ich gehe nicht mehr hinunter in die Kreditabteilung. Versuche, ihr auszuweichen. Doch ich meine sie überall zu sehen: in der Zeitung, im Fernsehen. Im Büro bin ich so wenig wie möglich. Wenn ich wegfahre, sehe ich ihren roten Polo dastehen, und es zerreißt mir das Herz.

Ich bin auf dem Nachhauseweg und begegne ihr in einem blauen Opel mit dem Jungen in der Jeansjacke. Sie hat einen zufriedenen, abwesenden Gesichtsausdruck. Bemerkt mich nicht, obwohl ich in nur einem Meter Entfernung an ihr vorbeifahre. Mir geht durch den Kopf, daß ihr Vertrag in einer Woche ausläuft.

Am nächsten Tag bin ich wieder unten, in der Kreditabteilung. Sie ist überrascht. Lächelt mich an, nimmt meine Hand und sagt: »Ich dachte, du machst dir gar nichts mehr aus mir.« Sie ist bescheuert. Völlig bescheuert. Doch ich will sie, mit jeder Faser. Ich gehe weg. Und komme mit einem Päckchen zurück, in dem ein Armband von Pomellato ist. Ich lege es ihr ums Handgelenk, sehe den Glanz in ihren Augen und sage: »Ich will doch nur in deiner Nähe sein.« Sie küßt mich. Wird wieder distanziert. Sie ist wie diese Dinge, die du willst und einfach nicht haben kannst, und sie weiß es.

Es ist ihr zweitletzter Tag. Vielleicht schaffe ich es, ihren Vertrag verlängern zu lassen. Ich sage es ihr. Ich frage sie auch, ob sie zu mir kommen will, in meine neue Wohnung. Dort werde ich mit Laura wohnen, schon in ein paar Monaten.

Sie kommt mit einer Stunde Verspätung, nach drei Anrufen von mir, nach vier Martini, die ich mir genehmigt habe. Ich gieße neue ein. Sie läßt ihren stehen. Ich trinke ihn auch noch. Sie ist nervös. Geht von einem Sessel zum anderen. Will nicht bleiben. Sagt, daß sie sich verabschiedet. Ich bin so betrunken, daß ich es nicht schaffe, etwas zu antworten. Höre die Tür ins Schloß fallen, laufe hinter ihr her, steige in ihr Auto.

Es ist spät. Sie fährt schnell, auf der verlassenen Straße. Bevor wir aus der Stadt heraus sind, begegnen wir einem Volvo. Drin sitzen zwei Freundinnen von Laura. Eine schaut in unsere Richtung, wendet sich ruckartig der anderen zu. Vorbei. Ich überlege, was ich Laura sagen könnte. Ach egal, ich sage einfach gar nichts.

Ich sehe zu, wie sie ihre Zigarette ausdrückt. Aus dem Radio kommt eine Stimme: »Dein Herz schlägt… dein Herz schlägt für *Radio sud sud.*« Ihr Gesicht im Schatten, nur mein Hemd ist im Licht. Es scheint zu fluoreszieren, wie in der Diskothek. Sie wendet sich mir zu. Seufzt. Ich bekomme endlich etwas heraus, sage: »Noch nervös?«

Sie sagt: »Nein«, lächelt, »jetzt nicht«, richtet sich auf, »es ist nur so, daß bestimmte Geschichten mir nicht passen. Es paßt mir nicht, daß man denkt, ich bin eine, die eine Heirat kaputtmacht… Hast du die beiden im Volvo gesehen? Ich kenne sie. Sie haben uns gesehen.«

»Ah, du kennst sie. Du also kennst sie, wie? Weißt du, daß sie Freundinnen von Laura sind? Weißt du, was passiert, sobald sie von dem Kongreß zurück ist?… Und soll ich dir etwas sagen?« Ich lasse den Kopf gegen die Kopfstütze fallen, bin hoffnungslos betrunken. Und entspannt, vollkommen entspannt. Ich hebe meinen Kopf wieder ein wenig, schaue sie an, sage: »Es ist mir egal. Egal, hast du verstanden? Egal.« Ich sehe sie mit einem dümmlichen Lächeln an, lasse den Kopf hängen, presse die Lippen zusammen und reiße die Augen auf.

Sie läßt ihren Kopf auf die Brust sinken, lächelt mit geschlossenen Lippen, scheint sich zu amüsieren. Ich rücke näher. Versuche, sie zu küssen. Sie drückt mich einen Augenblick. Dann sagt sie: »Ich weiß nicht, was ich dafür geben würde, dir früher begegnet zu sein, vor einem Jahr oder so. Dann gäbe es jetzt in deinem Leben nur mich, wir könnten uns sehen, wann immer wir wollten, ausgehen, zusammen Einkäufe machen…«

Ich denke an die Geschenke, die ich ihr gemacht habe.

Noch nie habe ich so viel für eine Frau ausgegeben. Ich stoße den Atem durch die Nase aus: »Und wer sagt dir, daß es nicht so endet? Wie sich die Dinge entwickeln. Komm, wir probieren es, wenigstens heute abend probieren wir es... Was meinst du, Liebling, hm, was meinst du... « Ich küsse sie. Ihre Lippen sind weich und warm. Ich streichle ihren Busen. Sie ist schon wieder abweisend. Widerspenstig. Sie dreht sich zur anderen Seite. Ich lehne mich mit den Schultern gegen die Wagentür, das Fenster ist offen. Ich rutsche auf dem Sitz nach unten, strecke den Kopf aus dem Fenster. Im Nacken spüre ich die kalte Metallkante der Tür. Am Himmel leuchten immer mehr Sterne auf. Ich ziehe meinen Kopf wieder ein, betrachte mein weißes Hemd. Das fluoreszierende Weiß auf der gebräunten Haut gefällt mir. Ich überlege: Wenn sie nicht will, daß ich sie anfasse, wer weiß, vielleicht... Ich knöpfe das Hemd auf. Nehme ihre Hand.

Das Radio spielt leise, und da ist ihr Handrücken, der sachte über meine Brust fährt. Alles ist in der Schwebe, geht langsam, bleibt in der Schwebe. Ich knöpfe weiter auf. Sie tastet sich weiter nach unten, noch weiter nach unten.

Ich sage: »Magst du nicht das Gummi meiner Boxershorts anfassen?«

Sie sagt: »Trägst du auch welche?«

»Tut das noch einer, den du kennst?«

So, wie sie lacht, heißt das wohl ja. Sie wird wieder ernst. Geht an den Seiten weiter nach unten. Sie schiebt die Finger zwischen den Gummizug und die vom Gummi eingeschnürte Haut. Ich halte den Kopf wieder zum Fenster hinaus. Fühle mich vollkommen schwerelos. Dann sehe ich sie an, kann sie in der Dunkelheit fast nicht erkennen. Ich höre meine Stimme sagen: »Ich will dir etwas zeigen, das dieses Jahr sehr in Mode ist... oder vielleicht nicht, besser nicht.«

Sie sagt: »Na komm, laß mal sehen, ja, laß mal sehen.« Sie scheint mir bei der Sache.

Ich nehme wieder ihre Hand, lege sie auf die Knopfleiste meiner Jeans.

Sie sagt: »Ja und?«

Ich sage: »Knöpfe. Knöpfe statt Reißverschluß. Warum versuchst du nicht, sie aufzuknöpfen?«

Sie lacht und macht weiter. Zwischen meinen Beinen tut sich was. Nicht viel. Normal bin ich zu Größerem fähig.

Sie führt die Operation zu Ende. Hört auf. Nein, sie streichelt mich. Mir scheint, sie sucht den Schlitz in meinen Boxershorts. Ja, sie hat ihn gesucht. Ich spüre ihre Finger, die mich berühren. Ich bleibe mit den Schultern am Fenster.

Ich sage: »Willst du sie sehen?«

Sie sagt: »Was?«

»Meine Boxershorts. Es sind die schönsten, die ich habe, ich habe sie zur Feier des Tages angezogen.« Ich sage es mit tonloser Stimme, lache, schiebe den Unterkörper nach vorn, ziehe die Hosen runter.

Sie lacht, beugt sich vor. Sie knipst das Lämpchen über dem Rückspiegel an, sagt: »Hmmm...« Und mit einem erneuten Lachen: »Schön.« Ihre Stimme klingt überzeugt.

Ich frage: »Warum zeigst du mir nicht deine?«

»Ich trage keine Boxershorts.«

»Ist doch egal.«

Ich beuge mich über sie. Ziehe den Reißverschluß ihrer Jeans herunter. Ich schaue ihr in die Augen, vorher. Sie glitzern seltsam im Dunkel. Sie trägt Höschen mit einem durchsichtigen Einsatz, genau da. Ich sage: »Ohh!«, nicht sehr beeindruckt. Ich küsse sie auf den Hals. Betaste ihre Brüste. Befreie sie vom BH. Gehe runter. Sie ist weich – mehr als weich. Ich denke: geschafft. Mühe mich ab, ihr die Jeans auszuziehen, schiebe sie ihr bis auf die Knöchel hinunter. Dann sage ich: »Du mußt sie dir selbst ausziehen, Liebling.« Ich lehne mich zurück.

Sie schaut mich an: »Was tun wir nur?«

Na also, endlich geschafft, denke ich. Sie ist der Typ Frau, die vorher solche Sachen sagt.

Sie streckt sich, macht Anstalten, ihr Höschen auszuziehen. Nein. Hat eine andere Idee. Sie beugt sich über mich. Ich spüre ihre Finger zwischen meinen Beinen, ihren Mund näher kommen. Nein. Sie richtet sich wieder auf. Zieht sich die Jeans hoch. Zieht sich den BH an. Sie sagt ernst: »Es ist spät geworden, Liebling. Ich muß gehen.«

Ich verstehe nicht, was geschieht. Was geschehen ist. Es ist alles so seltsam, sie hat mich irgendwie verhext. Ich denke, daß es gut so ist, daß es sehr gut so ist, daß es nicht besser laufen konnte, während ich den Kopf aus dem Fenster strecke und eine zarte Stimme im Radio singt: *»Honey honey mmmmm…«*, und ich sage: »Nur einen Augenblick noch, Liebling.« Ich spüre, wie die Nachtluft über mein Gesicht streicht. Ich atme tief durch. Ich denke, daß dies mein letzter Sommer als Junggeselle ist.

Ich parke das Auto auf dem sonnenüberfluteten Platz. Gerade will ich den Zündschlüssel herausziehen und das Radio abstellen, da kommt wieder dieses Lied: *»Honey honey mmmmm…«* Ich sehe mein Spiegelbild in der Glasfront der Bank, ich in meinem funkelnden Auto, mit den Gedanken bei ihr. Ich denke, daß ich alles falsch gemacht habe, daß sie vielleicht der Typ mütterliche Frau ist, der einen beschützen will. Ich denke an den Jungen in der Jeansjacke. Möglich wär's. Ich zucke die Achseln, schaue auf die Uhr. Ich überlege, was sie wohl jetzt gerade macht. Sehe sie in einem Hotelzimmer schlafen. Sehe die Sonne ihren blonden Nacken bescheinen. Sehe sie an einem Sandstrand liegen. Ich denke: ›Besser nicht daran denken.‹

Ich gehe hinauf ins Büro. Es ist heiß, und es gibt nicht viel zu tun, fast niemand mehr in der Stadt. Da ist der weiße Streifen eines Jet, der das tiefe Blau des Himmels in zwei gleiche Teile teilt. Ich stütze die Ellbogen auf den Schreibtisch. Ich höre das Telefon klingeln. Höre ihre Stimme sagen: »Hallo, Liebling, was treibst du?«

Ampex

Zum erstenmal sehe ich Linda auf der Treppe zum Eingang. Bevor ich das Gebäude betrete, werfe ich noch einen Blick auf das Schild mit der weiß-blauen Schrift und denke, daß ich es geschafft habe. Noch ist es nur die Regionalredaktion, noch habe ich nur einen befristeten Vertrag, aber ich bin optimistisch. Denke an all die, die ich abgehängt habe. Sage mir, daß ich der tüchtigste bin, daß ich Talent habe, Phantasie, Glück. Ja genau, Glück.

Ich bin fünf oder sechs Jahre alt, als mein Vater genug davon hat, zur Miete zu wohnen. Er hat Geld auf die hohe Kante gelegt, und da gibt es dieses Haus eines seiner Kollegen, der woanders hinzieht. Er kauft es mit einem Kredit, den er heute noch abbezahlt. Das Haus ist nicht groß, doch zentral gelegen, hell und im Winter gut zu heizen. Außerdem freunden wir uns gleich mit der Nachbarsfamilie an.

Sie haben zwei Söhne. Silvio, der jüngere, und ich, wir werden Freunde, sind wie Brüder. Wir lernen zusammen, spielen zusammen, gehen zusammen aus und so weiter. Silvios großen Bruder sehe ich nur, wenn er in seinem Zimmer lernt oder bei der Pfarrjugend Tischtennis spielt. Für mich ist er einer wie alle anderen. Ich kann nicht ahnen, daß meine Zukunft von ihm abhängt.

In der Schule glänze ich nicht besonders. Zuviel Still-

Es ist windig, als ich in den Ort komme. Es ist immer windig in diesen Orten. Der Himmel ist dicht bewölkt. Es gibt nichts Schlimmeres als den grauen Himmel über diesen Bauten mit den grau verputzten Mauern. Ich durchquere die riesige, nur roh verputzte Vorhalle und steige die Treppe hinauf. Betrete das nur roh verputzte Kabuff des Bürgermeisters. Die Räume in dieser Art von Gebäuden sind immer sehr eng. An der Wand entlang sitzen ein Dutzend Gemeinderäte mit schlechtrasierten, grauen Gesichtern – für solche Stoppeln bräuchte man einen Rasenmäher.

Die Luft ist stickig. Der Bürgermeister sitzt hinter seinem Schreibtisch, die Landesfarben im Rücken. Er stellt mich den anderen als Journalisten »vom Fernsehen« vor, sagt: »Es dauert noch ein bißchen. Du kannst dir ja inzwischen einen Eindruck davon verschaffen, wie wir hier arbeiten.«

Mit dem Kameramann und dem Aufnahmeleiter setze ich mich in eine Ecke. Betrachte die grauen Wände des Zimmers, die grauen Gesichter der Gemeinderäte, den grauen Himmel draußen. Als sie fertig sind, geben sie mir einer nach dem anderen die Hand, bevor sie hinausgehen. Wir bleiben mit dem Bürgermeister allein. Sein Gesicht hat eine bläuliche Farbe. Er zündet sich noch eine Zigarette an. Betrachtet sie. Hält sie vor die Nase. Meint: »Der Doktor hat gesagt, ich soll aufhören. Aber wie soll man das schaffen, wenn man in der Politik ist.« Er wiegt den Kopf. Setzt das Lächeln eines erfahrenen Mannes auf.

Ich frage: »Wo machen wir das Interview?«

Er sagt: »Gleich hier.« Er plaziert sich vor einer Karte der Gemeinde.

Ich bin zu seiner Linken, stelle ihm die erste Frage.

Er antwortet. Verhaspelt sich. Fragt mich, ob wir es wiederholen können.

Ich stelle ihm die Frage noch einmal.

Er antwortet, ohne sich zu verhaspeln. Sagt: »Wir haben Mittel und Wege gefunden.« Sagt: »In dem Maße wie.« Sagt: »Mir obliegt die Pflicht.« Er betont die Satzanfänge, macht lange Pausen, ereifert sich über Nebensächlichkeiten. Am Ende ist er zufrieden. Sagt: »Scheint mir gut geworden.« Sieht mich beifallheischend an.

Ich sage: »Ja, das ist gut gelaufen.«

Er drückt mir die Hand.

Als wir ihn verlassen, ist Essenszeit. Der Kameramann sagt: »Vor zehn Jahren hätten sie uns eingeladen.« Ich werfe ihm einen wortlosen Blick zu.

Wir gehen in eine Trattoria mit Neonlicht und laufendem Fernseher. Nach der Vorspeise frage ich, wo das Telefon ist. Der Kameramann blickt von seinem Teller hoch, schaut mich böse an. Er hat schon verstanden, worauf das hinausläuft.

Ich frage nach dem Erzbischof. Sie sagen mir, daß wir später zu ihm können. Wir sind die letzten im Restaurant. Der Kaffee wird serviert. Die Bedienung hat es in sich. Der Aufnahmeleiter schiebt den Ärmel in den Vordergrund, auf dem *RAI* zu lesen ist. Er tut alles, um ihr Interesse auf sich zu ziehen. Das Mädchen zeigt nur ein müdes Lächeln. Als sie weggeht, schaue ich ihr nach, sehe, daß ihr schwarzer Strumpf in der linken Kniekehle eine Laufmasche hat.

Der Geistliche, der uns öffnet, ist untersetzt, hat ein gelbliches Gesicht und Brillengläser so dick wie der Boden eines Glases. Er sagt: »Nur herein, nur herein.« Wiederholt: »Nur herein.« Sagt: »Der Erzbischof kommt sofort.«

Wir setzen uns in braune Kunstledersessel, die ein bißchen klebrig sind. Das Licht kommt aus einem Glas-Aluminium-Würfel. Es ist fahl, unangenehm. Man kann einen Teil des Nebenzimmers sehen: ein antiker Bücherschrank aus Nußbaum, warmes Licht einer Tischlampe. Und von dort kommt auch die warme Stimme eines Mannes, der telefoniert. Hört sich an wie die Stimme eines Schauspielers. Aus dem, was er sagt, schließe ich, daß es der Erzbischof ist.

Als er eintritt, sehe ich, daß er auch das Äußere eines Schauspielers hat. Er ist gutaussehend, elegant, selbst in dem gehäkelten Umhang aus schwarzer Wolle, den er über der Soutane trägt. Er redet gut. Die Intonation ist immer richtig. Er hat schöne Hände mit langen, schlanken Fingern und legt Wert darauf, sie zu zeigen. Er bewegt sie langsam, während er spricht. Nach dem Interview fragt er uns, ob er uns etwas anbieten kann. Ich schaue zum Kameramann rüber, der »Ja, gerne« sagt. Der Priester-Schauspieler serviert uns eigenhändig Likör mit hausgemachtem Gebäck, um diese Zeit am Nachmittag. Er tut es mit vollendeter Grazie und christlicher Demut. Ich schaue ihn an. Denke mir, daß ich ihm nicht widerstehen könnte, wenn ich eine Frau wäre.

Später erfahren wir von dem Typ, der uns die Basilika zeigt, daß die Frauen ihm tatsächlich nicht widerstehen.

Im Auto überlege ich, daß ich es diesen Monat auf dreiundzwanzig Berichte gebracht habe. Ich stoße einen Seufzer aus. Denke an den Chef, denke, daß er mir sicher auch diesen Monat den Vertrag verlängert.

Ich bin mit Bruno beim Abendessen. Schaue den Typ in der engen Jacke an, der schon die ganze Zeit in der roten Kabine telefoniert und alle begrüßt, die hereinkommen. Paolo Ricciulli tritt ein, in Begleitung von zwei anderen. Er lächelt mir zu, sagt: »Hübsch, dieser Bericht von dir.«

Ich frage: »Welcher?«

»Dieser eine…«

Er bleibt einen Augenblick an unserem Tisch stehen. Schaut sich die hollywoodmäßig auf Wilde geschminkten Schwarzen an, die über einen der Bildschirme hüpfen. Sagt: »Stark…« Sagt: »Dieser eine Bericht…« Bewegt den Kopf im Rhythmus der Musik. Schiebt die Brille auf die Stirn hoch. Blickt sich zufrieden um. Sagt noch einmal: »Mein Kompliment.« Gibt mir einen sanften Klaps auf die Schulter und besieht sich die Bar unter dem weiß-gelben Vordach, die Bohnenstange von einem Mädchen, das unsere Maissalate bringt. Sagt: »Wir sehen uns.« Er kreuzt den Weg des Mädchens, das ihn traurig anschaut. Sagt zu ihr: »Nur Mut. Auch Carol Alt hat so angefangen«, wiehert wie ein Pferd über seine Bemerkung. Er bleibt bei denen vom Apollo Club stehen, die ich neulich interviewt habe. Ich nicke in ihre Richtung. Er spricht mit einem, der einen Kaschmirmantel und eine gemusterte Kaschmirkrawatte trägt, mit einer in einem roten Fuchspelz, die schielt und ständig die Haare zurückwirft.

Bruno beobachtet ihn, wie er zwischen den Tischen herumläuft, sagt: »Was für ein Typ.« Er ißt über seinen Teller gebeugt. Sagt mir, daß es bei mir gut läuft, daß ich auf dies oder jenes achtgeben muß. Er schaut sich um, spricht leiser weiter: »Hast du gehört, was Maradonna neulich in den Abendnachrichten rausgelassen hat?« Maradonna ist der Spitzname eines Redakteurs. Bruno hat für jeden einen. Wer weiß, wie er mich nennt. Er kneift die Augen zusammen und kichert in sich hinein. »Als die Superheiße es gehört hat, ist sie gleich zum Chef gerannt. Maradonna hat einen herben Verweis abbekommen.«

»Linda? Das hat Linda getan?«

»Ja, Linda.«

»Was das für eine ist, habe ich noch nicht verstanden.«

»Sinnlos, dich zu bemühen, der Chef versteht sich schon auf sie.«

»Der Chef?«

»Weißt du das nicht? Das wissen doch alle.«

Ich sehe dieses Bild vor mir, wie Linda über den Gang huscht. Wie die Tür des Chefs sich schließt, der Knauf sich dreht.

Bruno sieht mich an, zwinkert mir zu, seufzt und sagt: »Von der hältst du dich besser fern.«

Die Abtei ist ein bröckliger Tuffbau. An ihrer Vorderfront sind die zugemauerten Bögen einer Loggia zu erkennen, Spuren von Zement, der die Risse füllt, die das Erdbeben hinterlassen hat. Unterhalb davon ist die Bühne mit der Musikkapelle. Die auf der Bühne sind einer jünger als der andere, Halbwüchsige bis Kinder. Ein paar von ihnen sind wirklich durchgestylt, modisch geschnittenes Haar, in dem das Gel glänzt, Hemdkragen zugeknöpft. Ich überlege mir, daß ich einen Bericht über das Leben eines Musikers einer solchen Truppe machen möchte, über einen von den beiden da zum Beispiel, ihn bei den Proben und den Konzerten in der Provinz beobachten will, aber auch im Alltag, vom Aufstehen bis zum Zubettgehen, ob er sich als Musiker fühlt oder wie. Na ja, scheint eher Stoff für einen ganzen Film als für ein Feature. Könnte aber trotzdem funktionieren. Ich muß mit dem Chef darüber sprechen.

Ein Fettwanst erhebt sich. Spielt ein schrilles Solo. Sein Oberkörper windet sich. Sein Clarino beschreibt Kreise in der Luft. Ich sitze neben einem in einer karierten Jacke, Brille mit Kettchen, säuerlicher Blick einer alten Jungfer. Im Programm steht, sie spielen Debussy, transkribiert für Bläser. Dann spielen sie Prokofjew. Ich lese den Namen des Bearbeiters, während applaudiert wird. Danach betritt ein blondes Mädchen, kurze Haare, hautenge schwarze Hosen, die Bühne, um eine Ansage zu machen: »Und jetzt, ihr kennt ihn alle: Chet Baker.« Sie spricht das »Chet« aus, als wäre es ein italienischer Name. »Zusammen mit unserer Kapelle wird er eine Fantasie über einige Beatlessongs spielen.«

Bei meiner Ankunft habe ich den weißen Beta des Chefs bemerkt. Er ist gekommen, um Chet Baker zu hören. Linda hat er auch mitgebracht. Ich sehe die beiden in der ersten Reihe sitzen. Sie wirkt in sich versunken. Ich schaue sie an und beginne zu träumen. Denke, daß sie mir noch nie so schön vorgekommen ist. ›Das wird die Musik sein‹, geht mir durch den Kopf, auch wenn das, was ich höre, furchtbar ist. Der Chef wendet sich nach links, nach rechts, schiebt mit den Fingerspitzen seine etwas aufgebauschten Haare zurecht, schlägt die Beine übereinander, stützt das Kinn in die rechte Hand, saugt an der kalten Zigarre.

Sie spielen *Yesterday*. Ich werfe zur Kontrolle einen Blick auf den Kameramann, den Tonmeister, den Aufnahmeleiter. Scheint alles in Ordnung. Sechzig Blasinstrumente, die blechern klingen, und dann plötzlich eine Trompete: klare, reine, perlende Töne. Der Kameramann kommt mir kleiner vor, als er in Wirklichkeit ist, mit der Fernsehkamera auf der Schulter, den Transistorgürtel umgeschnallt. Er sieht aus wie ein Lasttier, geht mit kleinen Schritten, am Kabel festgebunden. Wirkt wie ein Taucher, ein Astronaut.

Sie laden uns im Anschluß zum Abendessen ein. Vor dem Restaurant stehen schon ein paar auf Hochglanz polierte Volvos im Hof. Es ist ein Gut aus dem sechzehnten Jahrhundert. Früher war es ein Kloster. Der Eigentümer und ein Vetter des Eigentümers führen uns überall herum. Der Chef glänzt mit seiner Bildung, erklärt, wie die Klöster zur damaligen Zeit organisiert waren. Er schaut mich an, während er spricht. Ich nicke beifällig und starre zu Linda hinüber. Sie wendet den Blick gleichgültig ab. Wir kommen auf eine abschüssige Terrasse. Unser Gastgeber sagt mit ausgestrecktem Arm: »Von hier stammt der Wein, den wir unten im Keller getrunken haben.«

Wir gehen bis zur Brüstung der Terrasse vor. Das grelle Licht einer Reihe von Scheinwerfern streift eine endlos wirkende Fläche von Weinstöcken. Der Chef fragt nach der Größe der Anbaufläche. Schaut mich an, sagt: »Na dann.«

Wir sitzen alle an einer großen, L-förmigen Tafel. Chet hat sich einen Recorder bringen lassen, läßt eine Kassette laufen. Sagt: »Das ist meine neue Platte.« Er sagt das, nachdem er zwei Stunden mit der Kapelle gespielt hat, und am Tag vorher in einem Lokal, ich habe nicht richtig verstanden, wo. Er sagt: »Ich habe sie vor zwei Tagen in Houston, Texas, mit Jo Locascio aufgenommen«, doch niemand hört ihm zu. Mir geht durch den Kopf, daß man zum Schluß fanatisch wird, wenn man seine Arbeit zu sehr liebt. Vielleicht ist das, was er tut, ja auch keine »Arbeit«. Er lebt für seine Musik, denke ich, auch wenn das eines dieser Klischees ist. Ich höre, wie der Chef mit dem Bürgermeister über die nächsten Wahlen redet.

»Natürlich ist Chet ein wirklicher Künstler«, sagt der Typ zu mir, der ihn zu diesem Auftritt hergebracht hat. Er sagt »Chet« mit der perfekt amerikanischen Aussprache von einem aus Bari. Er hat kurzgeschorene Haare und ist schwarz gekleidet, hat die blonde Ansagerin im Arm. »Das erstemal, daß wir zusammen gespielt haben, nicht wie heute abend, sondern mit ernsthaften Musikern, das war in einem von diesen Läden mit arrivierten Leuten, also ein knallhartes Publikum. Die wollen schnelle Stücke, Stücke, auf die man tanzen kann. Und er spielt *My Funny Valentine.*« Der Typ fährt sich mit dem Zeigefinger unter der Nase lang. Redet weiter: »Weißt du, wie er es spielt? Na ja, noch langsamer.« Er schlägt sich mit der Hand auf den Schenkel, wirft den Kopf nach vorn, lacht, sagt: »So stark.«

Auch die Blonde sagt: »So stark.«

Linda lächelt, ohne uns anzusehen. Doch man merkt, daß sie zuhört.

Er redet weiter: »Das ist jetzt schon eine ganze Weile, daß Chet...«, doch der Fettwanst mit dem Clarino erhebt sich, ein Glas in der Hand, und ruft: »Auf den Bürgermeister«, und alle anderen stimmen ein: »Auf den Bürgermeister«, applaudieren, klopfen auf die Tische. Linda steht auf und geht aus dem Saal. Ich schaue ihr nach. Sie scheint mir noch größer, schlanker und eleganter als sonst. Ich tue so, als hörte ich dem Typ in Schwarz zu, der wieder angefangen hat zu reden. Sehe zum Chef hinüber, der immer noch mit dem Bürgermeister spricht. Chet steht auf. Sagt, daß er müde ist. Der Typ in Schwarz erhebt sich ebenfalls. Sie gehen, zusammen mit dem blonden Mädchen. Ich folge ihnen bis in den Hof, sehe sie in einen alten hellgrünen Opel steigen. Ich schlendere durch die Räume im Erdgeschoß. Da stehen Formica-Möbel auf Keramikböden. Ich versuche mir vorzustellen, wie es früher gewesen sein muß. Steige die Stufen zur Terrasse hoch. Sehe sie. Sie steht an der Brüstung, hat eine Hand um ihren Ellbogen gelegt, in der anderen eine Zigarette, und schaut in die Ferne.

Sie sieht mich, dreht sich kaum um, sagt: »Ah, du bist es.« Die Worte und der Rauch kommen gleichzeitig aus ihrem Mund.

Ich überlege: ›Und jetzt?‹ Gehe zu ihr hin, sage: »Schöner Abend.« Was Blöderes fällt mir nicht ein.

Sie bewegt den Kopf, sagt: »Stimmt.« Schaut mich fast nicht an, sagt: »Na, wie läuft es? Bist du zufrieden mit der Arbeit?« Während sie spricht, dreht sie sich wieder weg, um erneut nach vorn zu schauen.

Ich will nicht wie ein begeisterter Neuling dastehen. Also beginne ich mit Sprüchen aus der Serie »Ja, also, alles in allem«, bis ich mir unsicher werde, ob sie mir zuhört. Ich sage: »Und du, wie sieht es bei dir aus?«

Sie dreht mir langsam den Kopf zu, schaut mich an. Tiefer Blick aus dunklen Augen. Sie führt die Zigarette an die Lippen. Sie sieht gelangweilt aus, vielleicht traurig. Sie will gerade etwas sagen, da hört man von unten die Stimme des Chefs. Sie schaut in seine Richtung. Tritt die Zigarette mit der Schuhspitze aus, zuckt die Schultern, sieht durch mich hindurch und sagt: »Man ruft mich.«

Ich bleibe stehen, betrachte das Scheinwerferlicht auf den Rebstöcken. Versuche mir vorzustellen, wie groß der Teil dahinter sein muß, der im Schatten liegt.

Niedrige Häuser auf beiden Seiten der Straße. Bäume. Eine kleine Menschenansammlung um einen der Bäume. Ich sage zum Kameramann, er soll mich aufnehmen, wie ich mir mit dem Mikrofon in der Hand einen Weg durch die Menge bahne: das ist immer sehr eindrucksvoll. Ich drängle mich nach vorn durch, sage: »Wir sind von der *RAI*.« Da sehe ich ihn. Er ist klein, dicklich. Hat eine Art Tunika an, himmelblau, und ist mit einer glänzenden Stahlkette an den Baumstamm gefesselt. Als er uns sieht, unterbricht er das Gespräch mit einem Grüppchen, das sich um ihn herum versammelt hat, seufzt, sagt: »Na endlich.« Er wirft einen Blick in die Runde seiner Freunde. Sie wirken alle ein wenig eigenartig, aber ich komme nicht sofort darauf, woran es liegt.

Der Bürgermeister will diese Bäume fällen lassen. Er behauptet, daß die Rohrleitungen der Kanalisation durch die Wurzeln Sprünge bekommen und der Asphalt aufbricht.

»An den Straßen aller Städte auf der ganzen Welt stehen Bäume, aber was weiß der schon davon«, sagt der Angekettete. Der, der neben ihm steht, gibt ihm aus einem Plastikbecher zu trinken. »Diese Hinterwäldler respektieren ja nicht einmal Menschen, geschweige denn Bäume.«

Die um ihn herum pfeifen, johlen, lachen, schreien. Ich werfe einen Blick auf seine getuschten Wimpern, das Goldarmband am rechten, die Rolex am linken Handgelenk. Er sagt: »Für einen Künstler ist es ein Fluch, in einem solchen Ort geboren zu sein.«

Ich schaue mir das Grüppchen Freunde an, die um ihn herumstehen. Ihre femininen Gesten, ihr beifälliges Tuntenkichern, ihr affektiertes Achselzucken. Natürlich. Schließlich sind wir in Magna Graecia. Sage zum Kameramann, er soll den Künstler in Ketten von unten nach oben aufnehmen. Beobachte ihn dabei, wie er die Kamera senkt und durchs Objektiv schaut. Der Künstler macht ein gequältes Gesicht. Einer aus dem Grüppchen sagt: »Genau wie der heilige Sebastian, Matteo.« Er setzt eine stoische Miene auf, als er für die Fernsehkamera posiert.

Wir drehen noch, als der Bürgermeister erscheint. Er sieht sich den Schriftzug auf der Kamera an. Stellt sich vor das Objektiv. Sagt: »Aufhören. Wer ist hier der Verantwortliche?« Ich gehe auf ihn zu. Er ist nervös, doch als er mich sieht, lächelt er. Sagt, daß die Bäume nicht gefällt werden, daß alles gar nicht wahr ist, daß niemand sie je fällen wollte, daß sie nur beschnitten werden sollten.

Matteo und seine Freunde stoßen spitze Schreie aus,

buhen, pfeifen. Matteo kreischt: »Hört ihn euch an, hört euch den Heuchler an.« Der Bürgermeister wirft ihm einen Blick aus den Augenwinkeln zu, nickt und sagt: »Okay, in Ordnung, in Ordnung, aber jetzt hat sich alles erledigt. Das versichere ich euch.«

Schreie aus dem Grüppchen, Applaus von den Umstehenden. Der Bürgermeister gibt mir die Hand und entfernt sich. Ich sehe den Kameramann an. Ja, er hat alles aufgenommen. Die Menge zerstreut sich. Ich schaue zu, wie Matteos Freunde ihn vom Baum losbinden, ihn wie einen Helden umarmen, ihm auf die Schulter klopfen, während er auf mich zukommt. Er gibt mir die Hand, hebt eine Augenbraue, sagt mit gedämpfter Stimme: »Danke.« Ich glaube, heute habe ich eine Eroberung gemacht.

Ich bin in der Stadt geblieben. Es ist nichts los, und wenn irgendwo irgendwas los ist, haben sie vergessen, mich hinzuschicken, oder vielleicht wollte ein anderer hin. Ich betrete das Büro, das ich mir mit drei anderen aus der Redaktion teile. Schaue auf die Digitaluhr mit den roten Ziffern an der Wand, das zehn Jahre alte Pin-up-Plakat an der Wand gegenüber, die Karikaturen und Zeitungsausschnitte, die auf einer Korkplatte kleben, die Olivetti ET 111, die sie neulich gebracht haben. Muß an den fetten Jungen mit der Brille denken, der anschließend gekommen ist, um sie zu reinigen. Ich habe ihn gefragt, wie die Insert-Funktion geht. Es gibt eine Bedienungsanleitung, aber ich bin zu faul, sie zu lesen.

Er sagt: »Einen Moment.« Reinigt zuerst mit einem schwarzen weichen Pinsel weiter die Tastatur. Nimmt ein

Blatt. Setzt sich auf meinen Stuhl. Ich stehe neben ihm. Er trägt einen blauen Pullover mit einem gelben Streifen um die Brust und den linken Ärmel. Er hat dicke, ungelenke Finger. Seine Fingerkuppen sind unförmig, breiter als die Tasten. Er schlägt sie einzeln an, mit aller Kraft. Ich bereue es augenblicklich, ihn gefragt zu haben. Lese, was er mit Mühe aufs Blatt schreibt: »New York.« Er kommt mit dem Oberkörper hoch. Beugt sich wieder über die Tastatur. Fügt »Cyty« hinzu. Er hat gemerkt, daß irgend etwas nicht stimmt. Dreht sich leicht in meine Richtung. Ist unentschlossen, ob er das Blatt herausreißen soll. Nein, er läßt es drin. Geht zurück und löscht. Wie das geht, muß ihm wieder eingefallen sein. Er ist schweißgebadet. Schaut mich durch die kleinen Gläser seiner kleinen Brille aus schwarzem Kunststoff an, sagt: »Ich habe den Kurs erst vor kurzem gemacht. Ich müßte in der Bedienungsanleitung nachsehen.«

Ich sage: »Nein, nein, das ist nicht nötig.« Hoffe, daß er es sein läßt.

Er meint: »Da steht alles drin, in der Bedienungsanleitung...«

Ich sage: »Klar.«

Er steckt den Pinsel in die schwarze Ledertasche, läßt den Verschluß aus Metall zuschnappen. Murmelt noch irgend etwas, das ich nicht verstehe, lächelt mich mit stumpfem Blick an, sagt: »Da steht jedenfalls alles drin.«

Ich fahre mit den Fingern über die Tastatur. Setze mich hin. Blättere Zeitungen durch. Höre das Klingeln der Telefone aus den anderen Zimmern, wie es sich zu einer Art akustischem Netz verbindet. Niemand nimmt ab. Ich starre auf die Sonnenstrahlen, die bis in den schattigen Teil des Zimmers vorgedrungen sind. Doch, da hat jemand abgenommen. Ich höre ihre Stimme. Etwas weniger sanft, als wenn sie die Radionachrichten vorliest. Als wenn sie sagt: »Damit sind wir für heute am Ende unserer Sendung. Wir hören uns morgen wieder, gleiche Zeit, gleiche Welle.« Sie kommt aus dem Nebenzimmer. Ich spüre die Scheiben in den Türen vibrieren, die Scheiben in den Fenstern vibrieren, spüre, wie der Schreibtisch unter meinen Ellbogen vibriert. Stehe auf und gehe zur Tür. Ich höre Linda schreien. Halte sie plötzlich im Gang in meinen Armen. Fühle ihren Busen an meiner Brust. Sie hat all ihre Sicherheit verloren. Ich halte sie fest, versuche sie zu beruhigen, doch ich habe selbst erbärmliche Angst. Es dauert vielleicht dreißig Sekunden. Das ist nicht wenig, aber ich weiß, daß es schlimmer kommen kann. Nachher halten wir uns immer noch in den Armen. Sie heult, sagt: »Was zum Teufel habe ich in dieser Scheißgegend verloren?«

Mir zittern die Knie, doch ich bin froh. Wünschte, es würde niemals enden. Ich streichle ihr Gesicht, trockne ihre Tränen. Sage: »Es ist alles vorbei.«

Sie schmiegt ihren Kopf an meinen Hals. Ich streiche über ihr weiches, kastanienbraunes Haar. Drücke sie an mich. Sie legt mir eine Hand auf die Brust, wirft den Kopf zurück, seufzt. Fragt, ob ich etwas zu rauchen habe. Sagt, sie geht sich irgendwo eine Zigarette besorgen.

Ich sehe sie unten im Hof bei den anderen. Sie ist blaß, und einer aus der Verwaltung hält sie am Arm. Sie wendet ihren Blick mir zu, nimmt einen Zug aus der Zigarette. Ein tiefes Seufzen, fast ein Schluchzen. Sie schaut woandershin.

Ich begegne ihr auf dem Gang, zwei Tage später. Hebe eine Hand. Lächle ihr zu. Sie schaut mich an, als wäre ich durchsichtig. Geht weiter. Ich bleibe mit erhobener Hand stehen, das Lächeln auf meinen Lippen gefroren. Ich sehe sie im Zimmer des Chefs verschwinden. Höre, wie die Tür zuschlägt. Nachher kommt es mir vor, als würden sie herumschreien. Aber ich könnte es nicht beschwören: Da ist das Quietschen des Ampexgeräts auf dem Flur.

Nein, ich habe mich nicht geirrt.

»Linda hat sich heute den Chef vorgenommen«, sagt Bruno und lacht. Er schiebt die Kassette in den Sony, spult das Band zurück.

»Ja, ich habe irgendwas gehört, aber ich war mir nicht sicher«, sage ich.

Er spannt die Halsmuskeln an, verzieht die Lippen und sagt: »Sie ist diese Art Frau, die, wenn sie etwas mit dir anfängt, auch Ernst macht.« Er nagt an seiner Unterlippe: »Sie erträgt es nicht, ihn nicht ganz für sich zu haben, die Gute. Wenn sie es schaffte, würde sie ihm am nächsten Tag den Laufpaß geben. Die Strippe – so nennt er die von der Telefonzentrale – hat ein Gespräch mitgehört. Linda fetzt sich mit dem Chef, weil sie ihn mit seiner Frau getroffen hat, und er hat sie nur ›kühl‹ gegrüßt, stell dir das mal vor. Was sollte der Ärmste denn tun, sie vielleicht seiner Frau vorstellen und zu ihr sagen: ›Hör zu, Schatz, das ist meine Geliebte, ich möchte, daß ihr euch versteht, daß du sie genauso gern hast wie ich.‹« Er lacht, drückt auf play. Fußballspieler laufen aufs Spielfeld – ein Feld dunkler Erde, wie ein Acker. Amateurmeisterschaft. Sie tragen Trikots, die ihnen entweder zu lang oder zu kurz sind, weite Hosen, runtergerutschte Kniestrümpfe, kein Stück paßt zum anderen. Ich sehe ihnen zu, wie sie ständig im Kreis laufen, herumhüpfen wie kleine Jungs.

Auf dem Tisch liegt eine Nachricht in der Handschrift meiner Mutter. Matteo hat angerufen, ich soll ihn zurückrufen, egal wann, es sei wichtig. Ich schaue auf die Uhr. Es ist spät. Sogar sehr spät.

Er meldet sich mit schlaftrunkener Stimme: »Hallo, wer ist da?« Das ›Wer ist da?‹ flötet er.

»Ich bin es, Matteo. Giorgio.«

»Ach du, mein Lieber, große Neuigkeiten, hör mir gut zu.«

Da ist diese Dame aus dem römischen Jet-set, eine Freundin von ihm, die hierherkommt, um ihr Buch vorzustellen.

›Schau an‹, denke ich.

»Sie tut alles, was ich ihr sage, und wenn ich ihr sage, daß sie sich nur von dir interviewen lassen soll, kannst du sicher sein, daß du das Interview bekommst.«

Ich denke: ›Hm, wer weiß, ob es mir nicht auf diese Weise gelingt, den ersten Bericht fürs landesweite Programm zu machen.‹ Doch dann sage ich mir, daß sie mit Sicherheit einen anderen schicken werden, nicht mich, den Neuling. Ich sage es ihm.

»Mein Lieber, du mußt es unbedingt schaffen, du kannst dir eine solche Gelegenheit nicht entgehen lassen.« Er hat es sich zu einer Herzenssache gemacht.

Ich sage, ich werde mein möglichstes tun, und lege auf.

Am nächsten Tag bin ich beim Chef. Er hat gute Laune. Bietet mir einen Platz an. Steht auf. Nimmt zwei Gläser aus der kleinen Bar in dem Bücherregal aus Teak. Füllt sie mit irgendwas.

Ich trinke den Whisky in kleinen Schlucken, sage: »Ich hätte nicht gedacht, daß es so schwierig ist. Ich dachte, ich könnte schon alles, aber dann habe ich gemerkt, wo meine Grenzen sind und daß ich noch an mir arbeiten muß.« Ich bin so schamlos, daß ich mich nicht einmal als Heuchler fühle, und das unglaublichste ist, daß der Chef es sichtlich gern hört.

»Bravo, das ist die beste Voraussetzung, um voranzukommen.« Er spult wieder das Repertoire ab, wie der Journalismus früher war, wie schwer es war, sich durchzusetzen, und so weiter.

Ich nicke. Nicke immer wieder. Er schaut mich aus leicht wäßrigen Augen an. Ich sage: »Ich versuche, mein Bestes zu geben. Im letzten Monat habe ich fünfundzwanzig Berichte abgeliefert, statt sechzehn, wie es im Vertrag steht.« Ich finde mich zum Kotzen, als ich das sage, doch ich will einfach ein richtiger Journalist werden, und ich bin schon so nah dran.

»Bravo.« Er nickt, schaut in sein Glas, sagt noch einmal: »Bravo.«

›Aufs Bravo scheiße ich. Ich reiße mir wirklich den Arsch auf‹, denke ich, sage: »Meinst du nicht, ich könnte etwas fürs landesweite Programm machen?«

Er schaut mich über sein Glas hinweg an. Hält es sich unter die Nase, sagt: »Warum nicht, warum nicht. Bei der nächsten Gelegenheit. Mach dir keine Gedanken.«

Ich bin kurz davor, es ihm zu sagen, doch ich halte mich zurück. Stehe auf, strecke die Hand aus. Er lächelt. Jetzt ist der richtige Moment. Ich frage ihn, ob er davon gehört hat, daß diese Signora aus dem römischen Jet-set ihr Buch vorstellt.

»Aber natürlich, mein Lieber.«

Ich sage, ich würde gerne hingehen, nur so, um es mir anzusehen.

»In Ordnung, geh hin... nur so, um es dir anzusehen. Sprich mit dem Abteilungsleiter darüber.« Er drückt mir die Hand, lächelt und sagt: »Auf geht's, und immer auf Draht sein.«

Am Morgen fahre ich sehr früh los. Matteo ist schon im Hotel. Ich frage nach ihm.

Er trägt ein perlgraues Jackett aus einem leichten, glänzenden Stoff, ist gebräunt, gut rasiert, sein Parfüm riecht süßlich. Er umarmt mich, lächelt mich an. Am linken Handgelenk hat er ein neues Goldarmband mit abgeschrägten Kanten und einem kleinen Brillanten in der Mitte.

Er sagt: »Du siehst wunderbar aus, mein Lieber, und welche Eleganz«, gibt mir einen Klaps auf mein Armani-Jackett und fährt fort: »Nur keine Angst, ich kümmere mich um alles.«

Er hinterläßt eine Nachricht für den Hoteldirektor. Der Portier schreibt alles sorgfältig in ein Notizbuch. Matteo wirkt sicher, ist Herr der Situation, ganz Grande Dame. Er erledigt ein paar Telefonate. Als er zurückkommt, sagt er: »Alles geregelt.«

Im Auto erzählt er mir von seinen wichtigen Freunden in Rom, Mailand, New York, wie er diesen kennengelernt hat, wie er jenen kennengelernt hat.

Vor uns eine vielköpfige Familie: Kinder beobachten Flugzeuge beim Landen, und ich beobachte Kinder, die Flugzeuge beim Landen beobachten. Reisende sitzen wartend herum, mit abwesenden, traurigen, gleichgültigen Blicken. In unregelmäßigen Abständen kommen Ansagen aus den Lautsprechern, Abflug oder Ankuft von Flugzeugen, auf neapolitanisch. Matteo hat alle verfügbaren Zeitschriften gekauft. Während er sie durchblättert, spitzt er die Ohren, sagt: »Es ist soweit.«

Er schaut mich an. »Sei ganz ruhig«, sagt er, »auf ihre Art ist sie eine einfache Frau, du wirst sehen, daß du ihr sympathisch bist.« Er tätschelt mir die Wange: »Alle meine Freunde sind ihr sympathisch.«

›Womit habe ich den bloß verdient?‹ denke ich.

Ich sehe sie auf der Landebahn aus dem Bus steigen. Sie trägt ein enganliegendes Kleid. Hat eine Löwenmähne, kräftige Zähne, einen energischen Mund. Sie kommt mir größer vor, hat mehr Falten im Gesicht, als man erwartet, wenn man sie aus Illustrierten, vom Fernsehen oder aus Filmen kennt.

Matteo gibt ihr die Rosen, die wir für sie gekauft haben. Sie betrachtet sie, lächelt und sagt: »Du bist immer so reizend, Matteo«, öffnet breit ihre Lippen. Sie umarmt ihn. Sie umarmen sich. Ich stehe steif daneben. Weiß nicht recht, wohin mit meinen Händen.

Dann sagt er: »Meine Liebe, ich möchte dir den Freund

vorstellen, von dem ich dir erzählt habe.« Er wirkt jetzt sehr viel entspannter als vorhin.

Sie schaut mich an. Streift mich mit einem raschen Blick, von oben bis unten. Dauert nicht länger, als wenn ein Fotoapparat ein paarmal klick macht. Sie lächelt mich an. Ich bin mir sicher, daß sie mich schon katalogisiert hat. Als ich am Steuer des Wagens sitze, warte ich nur darauf zu erfahren, wie.

Sie unterhalten sich miteinander. Sie hat sich Matteo zugewandt. Scheint sie nicht zu kümmern, daß ihr der Rock an den Schenkeln aufklafft. Ich schalte in einen anderen Gang. Lasse einen Blick darauf fallen. Denke: ›Jetzt sieh dir mal die Alte an.‹

Sie scheinen sich viel zu erzählen zu haben, doch plötzlich spüre ich, wie sich ihre Hand auf mein Bein legt.

Sie fragt: »Nun, hast du die Fragen für unser Interview vorbereitet?«

Sie duzt mich. Aus dem Ton ihrer Stimme schließe ich, daß ich ihr sympathisch bin. Man erkennt es auch daran, wie sie mich anlächelt. Ich bejahe.

Sie schaut mich an. Wirft ihre Löwenmähne zurück, lacht und sagt: »Ich finde Interviews immer so aufregend.«

›Die kommt noch zum Höhepunkt‹, denke ich.

Man erwartet uns in der Halle. Magda nimmt noch mehr Blumen entgegen. Gibt allen die Hand. Ich sehe den Rotfuchs – Bruno nennt ihn wegen seiner roten Haare so – mit dem Team, das unsere Ankunft filmt. Während ich ihn beobachte, denke ich, daß es mir wirklich gefallen würde, das Interview zu machen. Wäre schön, zu erleben, wie ihm die Galle hochkommt. Hinten in der Spiegelwand sehe ich mich zehnfach, das Grinsen auf meinem Gesicht. Ich frage nach dem Zimmerschlüssel. Mir scheint, Matteo begrüßt gerade den Bürgermeister, der zwinkert mir zu. Ich zucke die Schultern. Denke: ›Hoffentlich verfällt der nicht auf komische Gedanken.‹

Ich nehme den Aufzug. Gehe ins Zimmer. Knipse alle Lichter an. Die Schalter sind miteinander verbunden, ich brauche ein paar Minuten, bis ich kapiere, wie. Auf dem Schreibtisch steht ein Computer mit Bedienungsanleitung. Es nervt mich, die Anleitung zu lesen. Ich versuche, ob ich so mit ihm zurechtkomme. Notgedrungen muß ich doch nachlesen, wie es geht. Es dauert zehn Minuten, bis ich verstehe, wie das Ding funktioniert. Ich frage das Tagesmenü ab. Es erscheint auf dem Bildschirm, neben jedem Gericht eine kleine Farbgrafik. Ich bestelle Zigaretten aufs Zimmer: habe wieder angefangen zu rauchen. In grüner Schrift erscheint: »Funktion nicht aktivierbar.« Ich suche mir von den verfügbaren Computerspielen das mit der hübschesten Musik aus. Spiele ein paar Minuten herum. Überlasse es dann sich selbst. Setze mich auf die Chesterfield-Couch in der Ecke. Lasse die Finger über das weiße Leder der Armlehne gleiten. Öffne die Hausbar, die daneben steht, und mache mir einen Gin Tonic. Ich komme mir fast wie ein amerikanischer Journalist vor, als ich ihn unter der Dusche trinke. Gehe im Kopf noch einmal die Fragen durch, die ich für Magda vorbereitet habe. Stelle mir die möglichen Antworten vor. Stelle mir die möglichen Variationen der vorgefertigten Antworten vor. Denke mir, daß sowieso der Rotfuchs das Interview macht.

Ich lege mich aufs Bett. Schalte das Zimmerradio ein.

Bleibe eine Stunde lang so liegen. Dann stehe ich auf, öffne das Fenster mit den türkis getönten Scheiben. Die heiße Luft durchbricht den Frischluftfilm der Air-condition. Ich sehe hinaus. Schaue mir die Leute an, die um den großen Swimmingpool herumliegen. Das Becken ist randvoll mit Wasser. Wirkt wie eine riesige konvexe Linse, bläulich, durchsichtig. Magda liegt dort, um sich zu sonnen. Ihre eingeölten Brüste sind voll und fest. Neben ihr Matteo, vollständig angezogen, unter dem Sonnenschirm. Er trägt einen Strohhut mit einem fuchsienfarbenen Band. Er redet, und sie lächelt. Er sieht mich, winkt. Seine Sonnenbrille funkelt. Ich winke zurück. Schließlich winkt auch Magda. Dann sprechen sie miteinander. Ihre Brüste bleiben oben, hängen nicht. Ich denke, sie hat sich die Titten liften lassen. Stelle mir ihr Gesicht nach einem Lifting vor. Sie täte gut daran, es auch im Gesicht machen zu lassen. Ich sehe sie beide im Hotel verschwinden.

Ich gehe zurück ins Zimmer. Höre das Telefon klingeln. Höre Matteos Stimme. Er sagt mir, daß wir zusammen essen.

Ich antworte: »In Ordnung.«

Er fügt hinzu: »Magda kommt auch.«

Ich stelle sie mir vor, wie sie Matteo gegenübersitzt, während er telefoniert. Sage: »In Ordnung.«

Als ich hinuntergehe, sehe ich Linda an der Rezeption. Ich grüße sie. Doch sie antwortet kaum. Mir scheint, sie ist schlecht gelaunt. Ich sehe den Chef mit seiner Frau hereinkommen. Jetzt verstehe ich, warum sie so schlecht gelaunt ist.

Magda und Matteo erwarten mich an einem Tisch im

hinteren Teil des Speisesaals, vor einem Fenster, das einen Teil der grün und blau leuchtenden Felsen wie ein Gemälde einrahmt. Ich setze mich. Der Ober kommt mit der Speisekarte. Magda bestellt, ohne hineinzusehen. Als der Ober weggeht, sagt Matteo zu mir: »Was hast du?« Er schaut mich an. Schaut zu Magda, sagt: »Du kannst ganz beruhigt sein, Magda wird nur dich als Interviewer akzeptieren. Richtig, Magda?«

Magda schaut mich an: »Vollkommen richtig, mein Lieber.«

Ich bedanke mich, meine aber, daß es Schwierigkeiten gibt.

Matteo sagt: »Was für Schwierigkeiten denn, Schatz... Ah, da kommt dein Chef.«

Ich drehe mich um. Er nähert sich unserem Tisch. Geht mit hochgezogenen Schultern, die Arme am Körper, Handflächen parallel, Daumen nach unten. So geht er, wenn er ganz korrekt sein will. Der Chef stellt sich vor. Magda hält ihm die Hand entgegen. Er verbeugt sich. Faßt ihre Hand, streift sie mit den Lippen, sagt: »Liebe gnädige Frau«, sagt: »Ich hoffe, daß Sie sich hier bei uns wohlfühlen.«

Magda lächelt, sagt: »Ich fühle mich sehr wohl.« Zeigt auf das Fenster: »Es ist alles so schön hier.«

Die Frau des Chefs ist ein Stück zurückgeblieben. Sie weiß nicht recht, ob sie näher kommen soll oder nicht. Sie tritt näher. Der Chef wendet sich zu ihr um, sagt: »Meine Liebe...«

Sie ist eine elegante Frau. Hat aschblondes Haar, scheint gerade frisch vom Friseur zu kommen. Sie trägt eine

Seidenbluse mit einer Schleife um den Hals. Sie lächelt Magda an, gibt ihr die Hand und sagt: »Es freut mich, Sie kennenzulernen, gnädige Frau.« Magda schenkt ihr ein wohlwollendes Lächeln. Die Frau des Chefs macht ein zufriedenes Gesicht, sie hat den Freundinnen beim Friseur etwas zu erzählen. Sie preßt die Lippen zusammen. Schiebt sich eine Strähne zurecht, die absolut nicht zurechtgeschoben werden muß. Betrachtet sich im Fenster und dreht sich zur Seite. Zwei Tische weiter sitzen Linda, der Rotfuchs und ein paar andere Leute, die ich kenne. Linda beobachtet die Szene.

Magda sagt: »Es ist eine Gelegenheit, Freunde wiederzusehen. Matteo...«, sie hebt die Hand, zeigt mit Daumen und Zeigefinger auf ihn. Matteo senkt den Kopf, lächelt mit geschlossenen Lippen. Magdas Hand wandert ein wenig weiter, sie fügt hinzu: » ... ihn...«

Ihn, damit meint sie mich. Man merkt, daß sie vergessen hat, wie ich heiße. Der Chef schaut mich verwundert an. Man merkt, daß er sich fragt, woher ich sie so gut kenne. »Ich würde Wert darauf legen«, spricht Magda weiter, »von ihm interviewt zu werden.«

Der Chef will gerade etwas sagen. Nach seinem Gesicht zu urteilen: nichts Gutes. Magda legt ihm eine Hand auf den Arm, streicht ein wenig über den leichten Stoff seines Jacketts und fügt hinzu: »Natürlich bloß, wenn Sie einverstanden sind...«

Der Chef lächelt, bewegt den Kopf nur ganz leicht. Fährt sich mit der Zungenspitze über die Oberlippe, sagt: »Wie kann man einer schönen Frau etwas abschlagen.« Sanft klopft er mit den Fingern auf Magdas Hand, die noch immer auf seinem Arm liegt. Dann zieht er seine Hand plötzlich weg, schließt sie und hält sie mit ausgestrecktem Zeigefinger an sein Gesicht, wendet sich lächelnd zu seiner Frau um, die ihn nicht beachtet. Er sieht mich mit einem säuerlichen Lächeln an. Faßt mir unters Kinn, sagt: »Und außerdem versteht dieser Herr sein Geschäft, nicht wahr?«

Ich weiß nicht recht, was ich sagen soll. Setze mich aufrecht hin, versuche zu lächeln, möglichst bescheiden zu wirken. Ich weiß, daß der Chef solche Sachen einfach nicht verträgt. Weiß, daß ich bei der nächsten Gelegenheit dafür bezahlen muß. Frage mich, ob die Sache das wert war, doch dafür ist es jetzt zu spät. Ich deute ein Lächeln an, sage: »Danke.« Mir entfährt etwas, das man für ein Stöhnen halten könnte. Dann verbeugt sich der Chef erneut vor Magda. Seine Frau lächelt in die Runde. Sie machen auf den Absätzen kehrt. Matteo faßt mir an die Schulter, sagt: »Hast du gesehen? Das haben wir geschafft.«

Der ist wirklich bescheuert. Ich verkrampfe mich vollkommen. Gebe ihm ein Zeichen, leiser zu sprechen. Dieses Arschloch will mich ruinieren. Ich schaue hinter dem Chef her.

Er will sich gerade mit seiner Frau setzen. Besinnt sich eines anderen. Geht zum Tisch von Linda und dem Rotfuchs, der langsamer kaut, die Serviette zwischen die Finger preßt, eine grünliche Gesichtsfarbe bekommt, während er zuhört, was der Chef ihm zu sagen hat. Das sind die befriedigenden Momente in unserem Beruf. Ich weiche seinem giftigen Blick aus. Mache einen leichten Schwenk nach rechts. Da ist Linda mit einer Zigarette, sie hält sie parallel zu ihrem Mund, schaut den Chef an, schaut den Rotfuchs an, schaut mich an. Wiegt langsam den Kopf. Nimmt einen Zug, ohne den Blick von mir zu wenden. Es gelingt mir nicht, zu erkennen, ob sie mich anlächelt. Jetzt liegt Magdas Hand auf meinem Arm. Ich wende mich ihr zu. Höre mir an, was sie mir zu sagen hat. Sobald ich kann, sehe ich wieder zu Linda. Sie starrt mich immer noch an. Streicht sich mit einem dickbauchigen Glas über die rechte Wange. Wendet sich dem Chef zu. Begegnet seinem Blick. Schaut seine Frau an. Schaut wieder mich an, und diesmal bin ich mir sicher, daß sie mich wirklich anlächelt.

Rechter Hand befindet sich ein riesiges Buffet mit Kellnern in weißen Jacken. Der kleine Swimmingpool im Garten des Hotels ist beleuchtet, die türkis schimmernde Wasseroberfläche mit gelben Blütenblättern bedeckt. Eine Idee von Matteo. Er hat den Nachmittag damit verbracht, Tulpen die Blätter auszuzupfen. An den vorderen Tischen sitzen die hohen Herrschaften. Am Nachmittag hat es ein paar Probleme bei der Platzverteilung gegeben. Die hiesigen Notabeln haben die Tische in der ersten Reihe beansprucht, doch zum Schluß mußten sie nachgeben. Vorne erkenne ich die Gesichter von ein paar Abgeordneten mit schmuckbehängten Gattinnen. Dahinter sieht es aus wie eine Sitzung des Regionalrats. Alle sind da, ich bin da. Ich stehe neben Magda, die ein hautenges Kleid mit Leopardenmuster trägt, habe das Mikro in der Hand und diese Leute vor mir. Ich weiß, daß sie uns nicht hören können, doch trotzdem bin ich ein bißchen aufgeregt. Komisch. Ich weiß nicht recht, wie ich den freien Arm halten soll, und da ist Magdas Hand, die meine Hand umfaßt, die wiederum das Mikrofon umklammert. Sie spricht, lacht, zeigt keinerlei Zweifel oder Unsicherheit. Sie weiß, daß sie sagen kann, was sie will, und das tut sie. Ich schaue nach rechts zum Tisch mit den Cocktails. Linda steht dort, an einen Stuhl gelehnt, sieht mich über den Rand ihres Glases hinweg an. Dahinter der Chef mit seiner Frau, sie reden mit dem Bürgermeister. Da ist auch Matteo. In eine weiße Tunika gehüllt, gibt er den Kellnern Anweisungen.

Magda ist perfekt, professionell, wie man so sagt. Sie antwortet genau in der vorgegebenen Zeit. Wir werden nichts schneiden müssen. Ich lächle ihr zu, sage: »Danke, du warst wunderbar.«

Sie fällt mir um den Hals und küßt mich auf die Wange. Sie hat diesen Duft, den man aus Parfümerien kennt, ein Konzentrat aus Creme und anderen Schönheitsmitteln. Jetzt wird sie an den vordersten Tisch geleitet. Ich sage zum Kameramann, er soll die ganze Szenerie aufnehmen. Schaue mir an, wie sie an den Tischen sitzen. Sie werden ein wenig steifer, richten sich leicht auf, nehmen Haltung an, betasten ihre Kragen, rücken an ihren Krawatten, schlagen die Beine übereinander, die Damen streichen die Blusen glatt, zupfen die Falten zurecht, hören auf zu reden, sprechen mit fast unbeweglichen Lippen, lachen mit einer Hand vor dem Mund, während die Fernsehkamera sich zwischen den Tischen hindurchschiebt und ich zum Buffet gehe.

Dort stehen Linda und der Chef, die Köpfe über Schälchen mit Cashews, Haselnüssen, Pistazien, gesalzenen Mandeln gebeugt. Sie haben Cocktailgläser in der Hand und sprechen, ohne sich in die Augen zu sehen. Sie bemerken mich nicht. Dann wird es ihm zuviel, und er platzt heraus: »Was soll ich dir denn sagen? Sie wollte mitkommen, verstehst du das, oder nicht?«

Ich kann nicht hören, was sie ihm antwortet. Nehme mir etwas zu trinken. Setze mich an Matteos Tisch. Als ich mich umdrehe, sind sie noch da. Ihre Gesichter vor Wut verzerrt. Dann knallt sie das Glas auf den Tisch, schreit ihm fast ins Gesicht, geht auf den Ausgang zu. Er bleibt regungslos stehen. Schaut sich um. Leert sein Glas. Sieht zu seiner Frau, die mit dem Bürgermeister spricht. Richtet den Knoten seiner Krawatte. Geht auf ihren Tisch zu.

Und da ist der Conférencier, der sagt: »In diesem wundervollen Rahmen...« Und: »Ein glanzvoller und eleganter Galaabend...« Magda lächelt. Wirft ihre Löwenmähne zurück. Spricht über ihr Buch, über ihr Leben, ihre Liebschaften, ihre Freunde, über sich als Frau, über sich als Karrierefrau.

Nach einer Weile stehe ich auf, drehe eine Runde. Schaue mich in den hinteren Rängen um. Gehe zur Rezeption. Der Portier schüttelt den Kopf. Gehe zur Bar. Die Hocker an der beleuchteten Theke sind leer, die Polster in den dunklen Ecken ebenso. Der Barkeeper bringt die Aschenbecher auf Hochglanz und schüttelt den Kopf. Ich gehe nach draußen, schaue nach, ob das Auto auf dem Parkplatz steht. Schüttele den Kopf. Denke, daß sie gegangen ist.

Als ich in den Garten zurückkomme, umarmt Matteo gerade Magda, und der Conférencier sagt: »Applaus für den Künstler, der die Choreographie dieses wundervollen Abends gestaltet hat.« Ich sehe nirgendwo Tänzer. Matteo verbeugt sich, ohne Magda loszulassen. Posiert für den

Fotografen. Das Publikum applaudiert. Dann stehen alle auf, gehen auf Magda zu, aufs Buffet zu, auf die Terrasse über dem Meer.

Ich gehe auf mein Zimmer. Mache den Fernseher an. Lasse die Sender durchlaufen. Bleibe an einem Film hängen. Wähle die englische Fassung. Schalte den Computer ein. Entscheide mich für das Videospiel vom Morgen. Stelle beim Fernseher den Ton ab. Zähle die Melodienvarianten des Computers. Es sind vier, sie wiederholen sich mit geringen Abweichungen. Nein, sie sind gleich, die Abweichungen nur in meinem Kopf. Da sind die Reflexe des Fernsehers, gemischt mit denen des Computerbildschirms. Ich schaue durchs Fenster auf die schwarze Oberfläche des Meeres, die der weiße Streif des Monds in zwei Teile teilt. Ich lasse mich aufs Bett fallen. Schiebe die Hände in den Nacken. Es klopft an der Tür. Ich frage: »Wer ist da?« Wiederhole, als ich aufstehe: »Wer ist da?« Es klopft noch einmal.

Das bläuliche Flurlicht liegt auf ihrem Haar, und da bin ich, dem nur ›ach du liebe Scheiße‹ durch den Kopf geht, und da ist sie, die mit sonderbarer Stimme sagt: »Laß mich rein.«

Ich sage nichts. Schaffe es nicht. Trete zur Seite. Suche den Lichtschalter.

Sie sagt: »Nein, laß, es ist gut so.«

Sie schlingt ihre Arme um meinen Hals. Ich atme ihren Duft ein, gemischt mit dem Geruch von Alkohol und Rauch, dem Geruch der Nacht.

Sie sagt: »Halt mich fest, tu mir weh.«

Ich spüre ihren warmen Atem auf meinem Mund, ihren warmen Busen an meiner Brust, ihre warmen Hände, die an meinem Körper hinabgleiten.

Meine Hand liegt auf ihrem Busen, als sie sagt: »Fick mich, los, fick mich…« Sie sagt das in dem Ton, den sie sonst bei der Absage der Nachrichten hat.

Sie zündet sich noch eine Zigarette an. Obwohl es so vulgär ist, muß ich ständig daran denken, daß ich gerade die schärfste Frau im ganzen Betrieb aufgerissen habe, wie man so sagt. Wenn es eine Möglichkeit gäbe, würde ich sie bitten, mich zu heiraten. Das ist die Wahrheit. Ich fühle mich wie betäubt, gleichzeitig aufgedreht, verliebt. Sie hat den Kopf an meinen Arm gelehnt, einen Ellbogen auf das Bett gestützt. Sie sagt: »Er ist ein Schwein, verstehst du.« Dann steht sie plötzlich auf. »Ich will nichts mehr von ihm wissen. Aus. Vorbei.« Sie geht zum Fenster. Schaut nach draußen, fragt: »Hast du Lust auf ein Bad?«

Wir gehen über den Korridor. Der Nachtportier schläft in einem Liegestuhl im Zimmer hinter der Rezeption.

Das Meer liegt jetzt schwarz unter dem mondlosen Himmel. Als wir eintauchen, funkelt das Wasser. Sie nähert sich mir. Nimmt einen letzten Zug aus der Zigarette. Schnipst sie mit dem Zeigefinger weit weg. Wirft den Kopf nach hinten, lacht und streichelt mich. Wir machen es noch einmal.

Im fahlen Licht der Morgendämmerung kehren wir zurück. Die Blütenblätter im Swimmingpool haben sich an wenigen Stellen gesammelt. Es wirkt wie ein schmutziges, stehendes Gewässer. Sie hält mich fest. Ich schaue sie an. Sie lächelt. Ich sehe das leuchtende Weiß ihrer makellosen Zähne. Die laue Luft des Sommers umweht mich, als ich sie küsse. Es ist alles so unglaublich. Kommt mir vor wie ein Werbespot. Ich küsse sie noch einmal, im Gehen, und als ich den Kopf drehe, sehe ich den violetten Schatten des Chefs hinter einem der Fenster zum Garten. Er sieht uns weiter zu, als wir unter ihm vorbeigehen. Sie bemerkt nichts. Scheint mir jedenfalls. Sie küßt mich noch leidenschaftlicher. Küßt mich weiter. Ich fühle ihre weichen, frischen Lippen, die mit meinen Lippen spielen. Ich spüre eine Leere im Magen, spüre etwas, das mir die Kehle zuschnürt. Sie küßt mich immer weiter. Merkt immer noch nichts. Scheint mir jedenfalls.

Wir sind alle versammelt. Die ganze Familie sitzt um den Tisch herum. Der Ansager kündigt den Bericht an. Ich sehe mich an Magdas Seite, ihre Hand liegt auf der Hand, mit der ich das Mikrofon halte. Meine Stimme ist zu hören, und mein Name erscheint auf dem Bildschirm, und ich bin im landesweiten Programm, und die Augen meiner Mutter glänzen, und mein Vater lächelt und sagt: »Bravo, Giorgio«, und ich denke daran, welchen Bescheid mir der Chef heute morgen gegeben hat, und schaue meine Mutter an, schaue meinen Vater an und denke, daß ich mich noch nie in meinem Leben so fertig gefühlt habe. Dann sehe ich für einen Moment Linda auf dem Bildschirm erscheinen.

Blau

Da ist ein Typ, der mir ein Zeichen gibt, links ranzufahren. Er trägt eine weiße Schirmmütze. Ich denke: ›Guido macht es langsam im großen Stil.‹ Als ich näher herankomme, sehe ich, wie jung der noch ist. Ich betrachte sein hageres, rotes Bauerngesicht, seine normannisch blauen Augen, das strohige blonde Haar unter der Mütze, den aufgedruckten Anker auf dem Band über dem Schirm. Er winkt mit der linken Hand wie ein Polizist, sagt mit einem angedeuteten Lächeln: »Da lang.«

Ich lege den kleinsten Gang ein, und der Cadillac schiebt sich über den Feldweg den Hügel hinauf. Er paßt kaum durch. Streift fast die Böschung. Auf der Terrasse der Villa über mir steht ein Grüppchen von Leuten, die mir entgegensehen. Autos wie dieses findet man auch in Rom nicht viele. Es ist ein Eldorado, Baujahr 59. War das Auto von Burt Lancaster, als er mit Visconti arbeitete. Nachher haben sie es hinten in der Garage einer Villa vergessen. Der Käufer der Villa wußte nicht, was er damit anfangen sollte, und hat es mir verkauft: eine Gelegenheit also. Ich habe es mit dem Geld von meinem ersten wirklichen Sammler bezahlt. Der Wagen ist ganz weiß, einschließlich Lenkrad, Sitz, Bodenbelag, hat türkis getönte Scheiben, Air-condition und eine Dreihundert-Watt-Anlage von Clarion, die ich selbst eingebaut habe. Ich werfe die Wagentür ins Schloß, ein sattes, dumpfes Geräusch. Sehe mir den Wagen an – er wird ein paar Meter länger sein als der BMW, der daneben parkt –, sehe mir die Heckflossen an, die im Mondlicht glänzen. Sage mir, daß ich ihn verkaufen muß, wenn es so weitergeht. Aber wer kauft schon einen Benzinschlucker wie diesen.

Ich steige die Treppe hoch. Sehe Sara mit einer Gruppe von Leuten sprechen. Sie entdeckt mich, sagt: »He, der große Künstler ist auch da.« Ich könnte den Leuten ins Gesicht kotzen, wenn sie solche Sachen sagen. Sie geht auf mich zu. Während sie näher kommt, fallen mir meine Krokostiefel ein, fasse ich mir an mein Zöpfchen, denke ich an den Cadillac. Überlege mir, ob das alles zusammen vielleicht etwas viel ist.

Sara umarmt mich. Die anderen aus dem Grüppchen wissen nicht, wohin mit ihren Blicken, als wir an ihnen vorbeigehen. Ich wende den Kopf hierhin und dorthin, lächle ihnen zu. Sie sagen: »Ciao«, »Wie geht's?«, »Ich habe dich im Fernsehen gesehen«, »Du siehst wirklich gut aus«, und ich höre, wie meine Stimme über der Musik schwebt, die von drinnen kommt.

Als wir durch die Balkontür treten, sehe ich als erstes Alessandro: hinter einem Steuerpult, Kopfhörer auf den Ohren, eine Supersolariumbräune, Zigarette im Mundwinkel und eine Schallplatte in der einen Hand. Mit der anderen winkt er mir eifrig zu. An seinem Lachen erkenne ich, daß er sich wirklich freut, mich zu sehen. Er legt die Platte auf, nimmt den Kopfhörer ab, drückt die Zigarette aus und kommt mir entgegen. Die anderen tanzen weiter, doch es ist, als hielte alles inne, während ich die Hand hebe, um ihn zu grüßen. Es kommt eine theatralische Geste dabei heraus, alle Augen sind auf mich gerichtet. »Ciao«, sagt Alex und macht ein fröhliches Gesicht. Ich fasse ihm freundschaftlich in den Nacken. Wir wollen uns gerade unterhalten, da höre ich Guidos Stimme von der Seite: »Ich dachte schon, du kommst überhaupt nicht mehr.« Er hat zwei Cocktailgläser in der Hand. Kommt näher, haucht mir ein Begrüßungsküßchen auf die Wangen, balanciert dabei die beiden Cocktails. Einer ist für mich. Ich nippe daran.

»Nun«, meint Guido, »was sagst du dazu?« Er zeigt mit dem Kopf auf die Runde im Salon. Ich antworte: »Ganz schöne Masse Leute.« Lache. Auch Guido lacht. Er legt mir einen Arm um die Schulter. Sara und das neue Grüppchen mir gegenüber lachen ebenfalls. Sie schauen mich mit zufriedenen, neugierigen, aufgeregten Gesichtern an, sagen: »Bleibst du eine Weile hier?«, »Wie läuft es für dich?«, »Ich habe dich im Fernsehen gesehen.« Sie lächeln, wenn ich antworte, und Guido sagt: »Entschuldige einen Augenblick«, gibt Sara ein Zeichen, sie schlängeln sich durch die Leute, gehen auf zwei Gäste zu, die gerade erst gekommen sind. Ich antworte auf weitere Fragen, schaue Alessandro an, der »Entschuldige mich, aber...« sagt, den Kopf zum Steuerpult dreht, »... wir sehen uns später«.

Ich nehme einen Schluck aus meinem Glas – ich bin allein. Ich schaue den anderen beim Tanzen zu. Schaue Alex zu, der sich hinter seinem Plattenspieler unter einer schrägen Wand synkopisch bewegt. Ich sehe mich um. Sehe mir die Bilder an den Wänden an. Da ist ein blaues, das mir sofort ins Auge fällt. Es ist von mir. Verdammt, und ob es von mir ist. Da steckt Energie drin. Ich habe es Guido vor ein paar Jahren verkauft. Sage zu mir selbst: ›Wer kriegt noch so was hin, wer malt so? Wenigstens in Italien, meine ich.‹

Nachdenklich gehe ich zur Bar. Der Kellner mit seinem Mausgesicht, seiner Elvistolle und seinem weißen Jackett mit Goldkordel gießt mir irgendwas Buntes aus einem Glaskrug ein. Neue Leute kommen. Da ist ein Grüppchen junger Mädchen in schwarzen, hautengen Kleidern, die in meine Richtung schauen, lachen, ihre falschen Juwelen zum Glitzern bringen. Sie haben mich im Fernsehen gesehen, die Fotos von mir in den Zeitungen, wissen von meinem Flirt und dem übrigen. Sie reden mit Guido und starren mich an, lächeln mir zu, während die Typen, die sie begleiten, sich Zigaretten anstecken, auf ihre Schuhspitzen starren und sich mit etwas nervöser Heiterkeit unterhalten. Sie sind angezogen wie Schaufensterpuppen in einem Kaufhaus.

Ich nicke Alex zu, der mich angelächelt hat, und gehe Richtung Fenster. Zünde mir eine Zigarette an. Sehe, wie sich die Flamme im Glas spiegelt. Draußen ist alles so klar, bläulich. Ich erinnere mich an die Szene am Telefon.

Dieses lange Klingeln von Ferngesprächen. Bestimmt wieder die Tochter des Chefs. Zum dritten Mal am selben Tag. Zum dritten Mal wird die Stimme der Vermittlung über den Ozean zu hören sein, die mich fragt, wie spät es in Italien ist und wann Mr. Trento kommt.

Statt dessen sagt eine Stimme, die mir irgendwie bekannt vorkommt: »Hallo, hier ist Silvio Colli, ich habe die Dias deiner Bilder bekommen… scheinen mir gut.«

Ich sage: »Das ist doch kein Scherz, oder?«

Die Stimme antwortet: »Nein, du kannst ganz beruhigt

sein, das ist kein Scherz. Kauf dir morgen den *Corriere*, da steht ein Artikel über dich drin.«

Ich sage: »Ich soll morgen den *Corriere* kaufen?«

Es ist, als sähe er die Szene vor sich, mein Gesicht, meine unbeholfenen Bewegungen. Und er scheint sich wirklich zu amüsieren. »Ja, morgen«, lacht er. »Ich habe große Dinge mit dir vor«, fährt er fort, »Castelli wollte ein paar neue Namen von mir hören...«

Castelli, aber das ist doch nicht möglich.

»... es bleiben noch ein paar Monate Zeit, aber das mit der Presse und das übrige leitet man am besten gleich in die Wege. Wann können wir uns sehen?«

»Hör zu...« – was tust du denn, du duzt ihn ja, na klar, du Trottel –, »...meinetwegen sofort.«

Ich höre das Lachen am anderen Ende: »Sagen wir Freitag. Du hast meine Adresse, oder?«

Verdammt, klar hab ich die.

»Dann erwarte ich dich also. Sagen wir: Freitag um sechs.«

»Am Abend?«

Er lacht: »Ich denke, ja.«

Die Ereignisse überschlugen sich. Da bin ich und steure diesen weißen Cadillac durch die Nacht, und neben mir sitzt Barbara Diodati Sforza – ich sehe sie an, ja, sie ist es wirklich, ich kenne sie aus der Zeitung, aus Filmen –, wir haben uns auf einem dieser Feste, zu denen Silvio Colli mich mitnimmt, gefunden. Sie ist betrunken und hat einen Arm auf meine Schulter gelegt, und im Radio spielen sie *Nightfly*, und von draußen kommt laue Frühlingsluft herein, während wir auf das Meer zufahren, und als sie mich küßt, sehe ich nur das weiße Licht der Scheinwerfer auf den Blättern der Bäume, die an uns vorübergleiten.

Ich höre wieder Saras Stimme hinter meinem Rücken. »Na, wie geht's?«

Ich schaue sie an. Betrachte ihr schwarzes Haar, knapp über den Schultern abgeschnitten, den orangeroten Lippenstift auf ihrem Mund. Der Lidschatten ist ein bißchen verschmiert. Alles ein bißchen dick aufgetragen, wie bei einer kleinen Verkäuferin. Während ich antworte, kommt sie näher. Ihre Stimme hat ein rauhes Timbre.

Sie sagt: »Guido hat mir erzählt, daß du schon seit zehn Tagen in der Stadt bist. Du hättest mich ja wenigstens anrufen können.«

»Ich hatte eine Masse zu tun«, antworte ich, ohne sie anzusehen.

Sie stößt den Atem aus, ihr Gesicht ist rot, als sie sagt: »Klar, du bist ja jetzt ein wichtiger Mann.«

»Von wegen wichtig, ich bin nur jeden Tag unterwegs. Ich habe diese Kurse außerhalb, komme erst spät abends zurück und bin erledigt.«

»Und wie schaffst du das mit der Sforza?«

Ich schaue über ihre Schulter hinweg, sage: »Die Sforza? Das ist doch nur eine Geschichte, die die Zeitungen erfunden haben, du weißt, wie das ist...«

»Ja, ich weiß, mein Lieber, ich kenne dich.« Sie stößt einen Seufzer aus. Scheint sich zu beruhigen. Ich verstehe nicht recht, wieso. Sie sagt: »Sehen wir uns ab und zu, bevor du weggehst?« Also deshalb.

Ich sage ja, sage, daß ich noch einen Monat bleibe, und dann, nur um das Thema zu wechseln, daß wir mit

Silvio Colli eine Ausstellung in New York vorbereiten müssen.

»Aber Colli ist doch so übel beisammen?«

Allerdings, Silvio ist übel beisammen.

Man hört Guidos Stimme, er ruft Sara. Wir drehen uns in seine Richtung. Da sind gerade noch zwei Gäste gekommen. Einer von ihnen hat ein Päckchen mit einer silbernen Schleife. Sara schaut sie an. »Was für eine Nerverei«, sagt sie. »Entschuldige, ich erledige das ganz schnell.«

Ich betrachte mich wieder in der Fensterscheibe, während ich Silvio in seinem Krankenhausbett vor mir sehe, wie er mich anlächelt und sagt: »Ciao, Eddi.« In dem Augenblick scheint er mir normal. Dann will er sich mit mir unterhalten. Doch da spricht er, wie er schreibt: man versteht kein Wort. Mit einem Schlaganfall ist nicht zu spaßen.

Scheißpech, kann man sagen. Um Haaresbreite hätte ich es geschafft. Und dann heute morgen, als ich *Panorama* aufschlage: ich spüre ein Stechen im Magen, wenn ich nur daran denke. Alle sind drin, mit ihren inspirierten Arschgesichtern. Alle außer mir. Ich hatte die Bilder schon verpackt. Für die Biennale, meine ich. »Offen unter 35«. Scheißoffen: in zwei Monaten bin ich 36, Scheiße nochmal. Und dann das ganze Geseiere über Tendenzwende, Revival der Konzeptkunst, des Abstrakten, der Arte povera, und dieser Titel: »Die Biennale: Zurück zur Avantgarde.« Ich pisse auf die Avantgarde. Und dieses Arschloch von Zanghi: »Das gesamte heutige Schaffen wird durch die Ausrichtung auf Markt und Erfolg verfälscht. Wir sind keine Modemacher, die jedes Jahr die Kollektion wechseln.« Gerade der redet so. Als ich ihn kennenlernte, hat er noch die Götter des Olymp gemalt, wie sie über dem Parthenon schweben. Jetzt macht er auf Minimalist, weil niemand bemerkt hat, daß er überhaupt existierte. In Wahrheit sind Kunst und Mode zwei Gesichter derselben Bestie. Wer hat das doch gleich gesagt? Tom Wolfe, ja, ich glaube, er war es. Das ist kein Geschwätz. Jedenfalls spüre ich, daß der Wind sich gedreht hat, daß ich aus dem Rennen bin. Aber vielleicht ist es das klassische Strohfeuer. Hoffen wir, daß Silvio sich schnell erholt. Schließlich hieß es ja, daß es nicht so schlecht um ihn steht.

›Es geht nur darum, diesen Moment zu überbrücken‹, denke ich, und da ist der Typ mit der Elvistolle, der mit einem Tablett vorbeigeht. Er versucht mir auszuweichen. Ich schnappe mir ein Glas im Flug. Beim zweiten Schluck fühle ich mich schon optimistischer. Ich denke daran, was Silvio über mich geschrieben hat, an die verzückten Gesichter der Leute vor meinen Bildern, an den rothaarigen Typ von *RAI 3*, der mich neulich interviewt hat, wie er das Bild, an dem ich gerade gearbeitet habe, angeschaut und dann einen Scheck ausgestellt hat, um es mit nach Hause zu nehmen, an sein Gesicht im Fernsehen, als er über meine Malerei sprach, an die flimmernden Farben meiner Bilder auf dem Fernsehschirm, an die Frau im darauffolgenden Feature, ihre Art zu gehen, als sie sich dem Tisch nähert, ihr Lächeln, als sie den Preis entgegennimmt, an mich, der ich mit der Fernbedienung in der Hand wie angewurzelt dastehe und mich frage: ›Wer ist die denn?‹

Ich stelle das Glas auf ein Tischchen, ziehe ein Päckchen

Zigaretten aus der Tasche, zünde mir eine an. Da ist die Glut der Zigarette, da sind die Lichter der Stadt dort unten, durch das Doppelglas leicht verschoben, da sind meine Augen, die all dies langsam erfassen, und da ist ihr unbeweglicher Schatten hinter mir. Jetzt sehe ich uns beide wie im Spiegel. Sie trägt ein schwarzes, schulterfreies Kleid. Sieht aus dem Fenster, als unsere Blicke sich treffen. Es mag am Trinken liegen, mag daran liegen, daß ich gerade an sie gedacht habe, daran, daß ich sie jetzt hier sehe, wie sie sich im Fenster spiegelt und mich anschaut. Oder daran, daß gerade eines dieser Lieder gespielt wird, bei denen man abhebt. Jedenfalls verstehe ich offengestanden gar nichts mehr. Ich fühle mich verloren, während ich sie anstarre. Verzaubert, als ich mich ihr zuwende. Sie sieht mich noch einen Augenblick länger an. Etwas wie ein Lächeln erscheint auf ihren Lippen. Dann wendet sie mir den Rücken zu und geht zu einem Grüppchen, das am Buffet steht. Ich versuche erneut, ihren Blick aufzufangen, doch da ist Sara zwischen ihr und mir. Sie schaut mich mit einem Ausdruck an, den ich kenne. Hat mich fast erreicht, da verlangt jemand nach ihr. Ich beobachte sie, wie sie redet und lächelt, und weiß schon, woran sie denkt. Ich sehe die andere an, ihr zartes Profil in einem Lichtfleck, wie sie zuhört, ihr Glas zum Mund führt, während um sie herum die Leute sich drängen, auseinandergehen, sich wieder in anderen Grüppchen zusammenfinden, ein lässiges Pulsieren zum Rhythmus der Musik, und ich habe das Gefühl, daß dies eines der Bilder ist, das mir für immer bleiben wird, gleichgültig, was geschieht. Doch da ist Saras Stimme, die fragt: »Amüsierst du dich?« Und dann leiser in ein Ohr: »Ich habe Lust auf deinen Schwanz, Lust, mit dir zu vögeln.« Sie hat es noch nicht ganz ausgesprochen, als ich einen Klaps auf meiner Schulter spüre.

Ich starre in Saras gelangweilte Augen, während Guido mir ein paar Typen vorstellt. Er sagt: »Das ist einer, von dem wir noch hören werden«, sagt: »Ich wette, in ein paar Jahren ist er so berühmt, daß er uns keines Blickes mehr würdigt« – buueahh –, sagt, daß ich an diesem arbeite, an jenem, daß ich der größte Künstler Italiens bin. Die beiden schauen mich zufrieden an. Erzählen mir, daß sie mich in der Maurizio-Costanzo-Show gesehen haben. Fragen mich, ob sie mich in meinem Atelier besuchen können. Guido bejaht an meiner Stelle. Ich lasse ihn reden und sehe Sara an, die auf die Gruppe zugeht, die mit Paolo Ricciulli an der Spitze hereinkommt. Sobald der mich sieht, stürzt er auf mich zu, lacht und sagt: »Ja, wen sieht man denn da.« Er umarmt mich. Küßt mich. Er riecht nach Kölnischwasser. Er sagt: »Und wo hast du die Sforza gelassen?« Ich weiß nicht, wieso, aber er war auch bei diesem berühmten Fest, und er legt Wert darauf, daß es alle erfahren. Sara sieht mich säuerlich an, alle anderen bewundernd, während Ricciulli erzählt, wie bekannt ich in den Kreisen der wichtigen Leute bin. Er fragt: »Wo hast du diesen Eldorado aufgetrieben? Der ist schau. Sieht aus wie ein Raumschiff.«

Ich erzähle ihm, daß er Burt Lancaster gehört hat, daß er zusammen mit Visconti darin herumgefahren ist, daß ich ihn vielleicht abstoße, um mir einen Porsche zu kaufen. Ich sehe den Glanz in seinen Augen. Sage nichts. Doch vielleicht habe ich einen Käufer für den Straßenkreuzer gefunden. Er sagt: »Trinken wir etwas?« Hakt sich bei mir unter. Geht mit mir ans Buffet. Sagt mir, daß seine Bank daran interessiert ist, ein paar Objekte von mir zu kaufen, daß wir uns einigen können, daß er diese Operationen betreut. Ich sehe ihn an, während er redet. Sehe über seinen Kopf hinweg, wie sie mit einer Freundin spricht und lacht. Sehe ihren Pagenkopf, das schwarze, glänzende Haar, ihren zarten Hals, die nackten Schultern. Ich bin nicht der einzige. Ich höre einen der beiden, die Guido mir vorgestellt hat, zum anderen sagen: »Wer ist das?« Der andere: »Sie heißt Elena Fassi.« Wieder der erste: »Schönes Mädchen.« Und der zweite: »Sie war zusammen mit…« Ich kann nicht verstehen, mit wem sie zusammen war, und der erste sagt: »Ach mit dem. Aber sie habe ich nie gesehen.« Und Ricciulli: »Eine ganze Reihe von Objekten, weißt du, für die Chefbüros. Hör mal, nur so aus Neugier, was willst du denn für den Cadillac haben?« Ich öffne meine Faust vor dem Gesicht: »Fünfzig Riesen«, sage ich und nehme einen Schluck. Er schaut mich von unten an, sagt zufrieden: »Reservier ihn für mich.« Preßt die Lippen zusammen: »Kurz und gut, ich nehme ihn.«

Ich sage, das geht in Ordnung, ich gebe ihm den Wagen. Könnte einen Luftsprung machen, spiele aber den Gleichgültigen. Denke an die Schulden, die ich mit dem Geld bezahlen kann, und was noch übrigbleibt.

»Also abgemacht«, sagt Ricciulli.

»Abgemacht«, wiederhole ich und schaue mit neuem Mut in Elenas Richtung. Er sieht in dieselbe Richtung. Dreht sich zur Seite, doch ich bemerke trotzdem, daß seine Lippen schmal werden. Er blickt mich an, sagt: »Hübsch, nicht …« Es dauert nur den Bruchteil einer

Sekunde, doch das reicht, um zu verstehen, was er vorhat. Ich will gerade sagen: »Nein, laß das bitte«, da ist er schon abgezischt.

Ich sehe diese Szene, wie Ricciulli auf Elena Fassi zugeht, in ihrer Nähe bleibt, um irgend etwas zu ihr zu sagen, während sie in meine Richtung schaut und ich nicht recht weiß, was für ein Gesicht ich machen soll. Keine Zeit zu verlieren. Ich gehe hinter Ricciulli her. Bleibe neben ihm stehen. Er sagt »hallo« und »wie geht's« zu ihr, ich sage auch »hallo« und nehme mir etwas zu trinken. Ricciulli fühlt sich überflüssig. Sie lächelt ihn an, ohne recht zu verstehen, was hier abläuft.

»Amüsant«, sagt er und zeigt mit dem Kinn Richtung Tanzfläche.

Sie sieht ihre Freundin an. Die beiden lachen. Sie sagt: »Ja, sicher.«

Ich trete näher heran. Ricciulli schaut mich an, dann Elena Fassi, sagt: »Ihr kennt euch nicht, oder? Das ist Eddi Coro, der Maler, sicher schon von ihm gehört.«

Elena mustert mich mit leerem Blick. Sie sagt ja, doch es ist klar, daß sie meinen Namen heute zum erstenmal hört, mich zum erstenmal sieht. Ich gebe ihrer Freundin die Hand, gebe ihr die Hand, frage sie dies und das. Sie sagt, daß sie bald mit dem Studium fertig ist und daß sie Ballett macht. Ich bin versucht, ihr zu erzählen, daß ich sie im Fernsehen gesehen habe, als sie diesen Preis bekam, doch ich tue es nicht. Besser, sie fühlt sich nicht so wichtig. Ricciulli hat die Freundin abgeschleppt. Elena Fassi fragt mich, was für Bilder ich male.

»Kommerzielle«, sage ich und lache. Sie lacht nicht, versteht nicht, was genau ich sagen will. »Also ich male so schöne Bilder, daß die Leute sie sofort kaufen.«

Diesmal lacht sie. Sie fragt mich, ob ich Ausstellungen in der Stadt gehabt habe.

»Auch, aber vor allem außerhalb. Ich bin dabei, eine in New York vorzubereiten, im September.« Denke: ›Jedenfalls *war* ich dabei.‹

Sie bewegt den Kopf mit einer Miene, als täte ich ihr leid, als wollte sie sagen: ›Jaja, New York.‹

Ich denke: ›Jetzt schau dir die an, wo lebt die denn, sieht die nicht fern, liest die keine Zeitung?‹

Ja, genau der Typ ist sie. Sie lernt nur und macht Ballett. Da bleibt ihr keine Zeit für etwas anderes, sagt sie. Jetzt, wo ich sie mir genauer betrachte, entdecke ich, daß sie wirklich ehrgeizig aussieht. Sie ist elegant, doch man merkt, daß sie sich in solchen Kleidern nicht wohlfühlt. Und während ich sie noch mustere, sagt sie zu mir, sie würde gerne meine Bilder sehen. Und sie sagt es mit einem schmachtenden Blick, der mich verwundert.

Ich schaue in ihre großen, dunklen Augen: »Besuch mich doch in meinem Atelier.« Wir sehen uns noch ein paar Augenblicke an, ohne zu sprechen. ›Die Sache ist klar‹, denke ich.

Sie fragt: »Wann?«

Ich kann ihr gerade noch antworten: »Wann du willst«, als ich Guido schon sagen höre: »Eddi, ich möchte dir einen Freund vorstellen.« Der Freund ist ein Typ mit einer gelblichen Gesichtsfarbe, der zu mir sagt: »Maestro, ich bin einer ihrer Bewunderer.«

›O Gott‹, denke ich. Ich begegne Elenas Blick, die den

Typ erstaunt ansieht und mir zulächelt. Hast du jetzt verstanden, Mädchen, wen du da heute abend kennengelernt hast? Der Typ ist einer von der klebrigen Art. Während er redet, kommt er immer näher. Und Elena geht immer weiter weg. Zuerst ist sie unentschlossen. Dann sieht sie, daß ich mich gegen das Gerede dieses Menschen mit der ungesunden Gesichtsfarbe nicht wehren kann, gibt mir ein Zeichen und geht zu ihrer Freundin. »Wir sehen uns später«, schaffe ich gerade noch zu sagen. Sie lächelt mich an und verschwindet Richtung Terrasse.

Dieser Typ ist einer, der eine Menge weiß und meine Arbeit gut kennt, er sagt sogar intelligente Sachen, aber er gibt keine Ruhe. Inzwischen hat er Mut gefaßt und redet wie ein Buch. Ich sehe mich in der Runde um. Alle amüsieren sich. Auch Elena tanzt. Ich fange ihren Blick auf, zwischen den Köpfen der anderen Tänzer hindurch. Sie wirft mir so süße, schmachtende Blicke zu, daß ich zu ihr hingehen möchte, mit ihr reden, doch der Typ mit dem gelben Gesicht fragt mich, was ich über die Wiederkehr der Stilmittel der Avantgarde denke. Er muß auch *Panorama* gelesen haben. »Wird es nicht das übliche Aufwärmen schon bekannter Dinge sein, insgesamt also nichts Neues?«

»Ich habe eigentlich das Gefühl, es ist dieses Neue um jeden Preis, was alt ist«, kontere ich. Ich glaube, ihm einen Dämpfer gegeben zu haben, doch er fängt wieder an, fragt mich, welche Tendenz in der italienischen Malerei sich denn meiner Ansicht nach durchsetzen werde. Verdammte Scheiße, wer befreit mich bloß von diesem Nervsack? Sara. Sie tut es. Sie packt mich am Arm, schaut ihm in seine

Visage und sagt: »Entschuldigen Sie, wenn ich Ihnen Edmondo entführe, aber ich muß ein wichtiges Problem mit ihm erörtern.« Der Typ verzieht das Gesicht, als hätte man ihm sein liebstes Spielzeug weggenommen. Dankbar folge ich Sara. Besehe mir ihre Kurven, die sich unter der engen Jacke abzeichnen. Besehe mir ihren Hintern, der vor mir herwackelt, und die Naht an ihren schwarzen Strümpfen. Ich drehe mich zu Elena um, die mich sehnsüchtig anschaut. Wohin entführt die mich nur? Ja, wohin entführt die mich denn...

Guido steht mit anderen in einem Grüppchen um eine supergebräunte Blondine herum. Er hat eine Flasche JB in der Hand. Ich höre Sara sagen: »Ich zeige ihm oben...«

Guido hält die Flasche JB eine Handbreit höher: »Aber ja, wunderbar, zeig es ihm, ich kümmere mich hier um alles.« Er lächelt und bewegt die Flasche JB auf das Glas der Blonden zu. Sagt, ohne den Blick vom Glas zu wenden: »Laß dir etwas einfallen, Eddi«, redet dann weiter mit der Blonden. Während wir an ihm vorbeigehen, höre ich noch: »Wir haben vor, uns ein Fresko machen zu lassen...« Einer von den Umstehenden meint: »Großartig.«

Wir steigen die Treppe hinauf, und da ist Saras Hand, die meine Hand so fest hält, daß ich ihre Schicksalslinien spüren kann. Jetzt sind wir oben. Genau gegenüber hängt eine Uhr in Blau und Grün, auf der es 11 Uhr 55 ist. Sie zieht mich ins Bad. Drückt auf den Schalter. Das Licht kommt aus kleinen Lampen, die in die Decke eingelassen sind. Das Bad ist riesig, alles in rosa Marmor aus Portugal, voller Spiegel, mit einer in den Fußboden eingelassenen Badewanne, dahinter eine kahle Wand. Überall stehen Hocker aus Plexiglas. Sie lehnt die Tür an. Musik und Stimmen erreichen uns nur als ferne Wellen. Man hört Gelächter, das plötzlich verebbt. Es bleibt das dumpfe Pochen der Bässe, das Pochen in meinem Schwanz, den Sara gepackt hat.

Ich sage: »Was machst du denn da?«

Sie schaut mich an. Dreht den Schlüssel um.

Ich sage: »Jetzt hast du wirklich den Verstand verloren.«

Sie lacht. Lehnt sich mit dem Rücken gegen die Tür. Öffnet einen Knopf. Zwei. Ich schaue sie an. Ihren trägerlosen schwarzen BH. Jetzt gleiten ihre Hände über die Hüften. Wie das Segel in einem Boot fällt ihr Rock zu Boden. Ich schaue ihre schwarzen Boxershorts an, ihren schwarzen Strumpfhalter, die schwarzen Strümpfe, die in ihre Schenkel einschneiden. Sie sagt: »Na, gefalle ich dir noch?« Macht ein amüsiertes Gesicht. Sie spielt die Hure. Das gelingt ihr gut.

Ich sage: »Und wenn Guido kommt?«

Sie sagt: »Er kommt nicht. Entspann dich. Wir machen ganz schnell.« Sie nähert sich mir. Ich rieche ihr süßliches, penetrantes Parfum. Sie muß sich mit einem Liter Opium besprengt haben. Sie nimmt ein Päckchen Dunhill von der Marmorkonsole. Steckt sich eine an. Legt das Streichholz in einen Kristallglasaschenbecher neben der Seifenschale aus Kristallglas. Nimmt einen Zug. Bläst mit geschürzten Lippen den Rauch aus, wie ein Kegel hängt er in der Luft. Sie lächelt auf eine ganz bestimmte Art. Mir läuft eine Gänsehaut über den Rücken. Sie legt mir einen Arm um den Hals. Schiebt mir ihre Zunge in den Mund. Schaut mir fest in die Augen. Steckt mir die Zigarette zwischen die Lippen. Drückt mich gegen das Waschbecken. Preßt eine

Hand auf meine Hosen. Es sind leichte Hosen aus Rayon. Ich denke an meine Erektion, daß es ist, als wäre ich nackt, wenn jemand kommt. Zuerst will ich sie wegschieben, doch dann lasse ich mich gehen. Sie knöpft mein Hemd auf. Fährt mir mit der Zunge über die Brust, während sie die Hosen aufmacht. Jetzt geht sie runter. In die Knie. Ich habe ein Gefühl der Macht, als ich so von oben auf sie hinuntersehe. Kann im Spiegel beobachten, wie sie vor mir kniet. Mein Gesicht ist blaß, ich habe Ringe unter den Augen. Ich überlege, daß ich demnächst einmal ans Meer fahren sollte. Ich neige meinen Kopf. Sehe ihren Busen durch die schwarze Spitze des BHs. Sehe, wo die gewölbte Ferse in den Absatz der schwarzen Lederschuhe übergeht. Wie eine Skulptur. Das ist das letzte, was ich sehe. Dann spüre ich ihre Lippen. Ich werfe den Kopf zurück.

Das ist ihre Spezialität. Bevor ich ihr begegnet bin, dachte ich, das ist etwas für Pornostars, und daß sogar die irgendwelche Tricks anwenden, Fotomontage oder was weiß ich.

Es ist alles echt.

Sie hat eine präzise, ausgefeilte Technik. Schluckt ihn Zentimeter für Zentimeter. Ich muß immer an einen Dokumentarfilm denken, in dem zu sehen ist, wie Schlangen Kaninchen verschlingen. Sie verstärkt nach und nach den Druck ihrer Lippen. Ich schaue sie wieder an: in dieser ersten Phase sind ihre Augen geschlossen, sie ist konzentriert. Mit der freien Hand hält sie ihre Haare zurück. Ich schaue sie weiter an. Als sie die Augen zu mir hebt, spüre ich das Pulsieren in ihrem Hals. Sie öffnet und schließt die Lider. Mir kommt es fast augenblicklich, und um ein Haar breche ich in Lachen aus. Es ist unglaublich. Sie schaut mich mit einem stumpfen Blick an. Gibt ihn mit entnervender Langsamkeit Zentimeter für Zentimeter wieder frei.

Dann kommt sie hoch. Sie hat alles geschluckt. Hat die zufriedene Miene eines Gewichthebers nach einem neuen Rekord. Während sie sich zuknöpft, sagt sie: »Das kann deine Sforza aber nicht, was?«

Da hat sie recht.

Sie faßt mir zärtlich hinters Ohr: »Und diese Fassi: Ich habe gesehen, wie du sie anschaust. Laß die in Ruhe. Was willst du denn mit der?« Sie packt meine Hand und legt sie sich auf eine Titte. Sie leckt über meine Lippen. Ihr Mund schmeckt nach Metall. Sie läßt mich los. Wendet sich der Wand hinter der Badewanne zu. »Guido und ich haben gedacht, du könntest uns hier ein Fresko machen... das dauert natürlich eine Weile, nicht? Und ich werde in deiner Nähe sein, für alles, was du brauchst.« Sie dreht den Kopf zur Seite, die Augen fast geschlossen. Sie lacht. Schaut sich im Spiegel an, kämmt die Haare mit einer Bürste hoch. Zieht sich den Rock hoch. Schiebt die Tüllrose hoch, die sie an ihrem Busen trägt. Sagt: »Gehen wir.« Bevor wir hinuntergehen, schaue ich auf die Wanduhr. Sie zeigt 4 nach 12. So wenige Minuten haben genügt.

Alessandro sagt zu mir: »Warte auf mich, ich komme mit.« Er duckt sich hinter den Plattenspieler, hat einen Stapel Platten auf dem Arm, als er wieder hochkommt. Er nimmt eine nach der anderen, Mittelfinger und Daumen gespreizt, läßt sie mit einer lässigen Bewegung in den Hüllen verschwinden. Guido fragt mich: »Hast du es dir oben angesehen?«

Ich nicke.

»Und?«

»Nun ja, ich würde eher an ein Gemälde oder vielleicht ein Mosaik als an ein Fresko denken... die Feuchtigkeit könnte einem Fresko schaden, weißt du, und außerdem sind Mosaike jetzt sehr in Mode. Ich bereite es im Atelier vor, und wir fügen es hier in die Wand ein. Aber erst am Schluß.«

»Okay, okay, du bist der Künstler, auch wenn Sara gerne ein Fresko hätte.«

»Wenn du willst, machen wir ein Fresko. Aber glaub dem Rat eines Freundes: Ein Mosaik ist besser, hör auf mich.« Ich denke: ›Hör auf mich.‹

Er legt mir eine Hand auf die Schulter: »Also abgemacht: ein Mosaik.« Er lächelt. Ich höre Saras Stimme, die ihn ruft. Er sagt: »Entschuldige mich«, knöpft seine Jacke zu und geht zu dem Grüppchen an der Tür. Ich sehe die beiden lächeln, Hände schütteln, Küßchen geben. Sie sind ein schönes Paar. Das meine ich im Ernst. Alessandro kommt auf mich zu.

»Meinetwegen können wir gehen«, sagt er. Er trägt eine Leinentasche voller Platten, seine Haare sind an den Schläfen ausrasiert, und er ist wahnsinnig braun. Ich frage: »Bist du am Meer gewesen?«

»Nein«, antwortet er, »Solarium, weißt du, im Fitneßcenter...«

»Habe ich mir gedacht. Sonne ist aber besser.« Heute abend bin ich in der Stimmung, Ratschläge zu erteilen. »Demnächst fahren wir mal ans Meer.«

»Jederzeit«, meint er.

Alles liegt in einem weißen, diffusen Licht. Wir drehen uns um, und von der Terrasse aus winken uns Guido und Sara nach, unter dem dunklen Dach vor dem bleichen Rund des Mondes. Unten steht der Cadillac. Er ist mir noch nie so weiß vorgekommen. Alex sagt: »Das ist ja ein Flugzeugträger.«

Ich schiebe eine Kassette von Springsteen rein und nehme die Straße zum Lago Piccolo. Als es bergab geht, mache ich den Motor aus. So sparen wir wenigstens ein bißchen Benzin. Ich sehe die grünen Lämpchen auf dem Armaturenbrett flackern, sehe Alex, der mir sein Gesicht zuwendet und sagt: »Tolles Auto«, während er mit den Fingern sanft über die prächtigen Chromteile fährt und wir wie die Kugel in einem Flipper geräuschlos durch die Kurven gleiten. Ich habe das Gefühl, wir sind bessere Freunde denn je.

Es ist zwei Uhr, als ich nach Hause komme. Ich sehe die roten Lämpchen des Anrufbeantworters. Sie blinken nicht. Kein Anruf.

»Ich bin hier vorbeigekommen, und da habe ich mir gedacht, ich schaue mal rein«, sagt Elena Fassi, kaum daß ich die Tür geöffnet habe. Das Fest bei Guido ist vielleicht eine Woche her. Ich habe nicht geglaubt, daß sie noch kommt. Da war dieses Interview mit ihr im *Eco della regione*, vor ein paar Tagen: »Ein Ballett so faszinierend wie seine Interpretin«, steht unter einem Bild, das sie im Spagat zeigt.

Ich lächle und sage: »Das war eine gute Idee.« Ich trete zur Seite und lasse sie herein. Versuche einen Blick auf ihre Beine zu werfen, aber von denen sieht man nicht viel. Sie trägt Baumwollhosen, halblang und weit. Sie nimmt die Sonnenbrille ab. Ich schaue in ihre Augen, die mich mit einem verwunderten Ausdruck anblicken. Ich denke: ›Die ist reif.‹ Nehme eine Kassette von George Michael, nein, vielleicht ist Coleman Hawkins passender. Ich frage: »Magst du etwas trinken?« Bin immer ein bißchen nervös, wenn ich Besuch habe.

Sie schlägt die Beine übereinander, sagt nein, sie will nichts trinken. Sagt: »Na, und wie geht's, was macht die Ausstellung in New York?«

Ich denke an das, was Silvios Sekretärin mir gesagt hat. Sage: »Wir arbeiten daran, aber es braucht seine Zeit.«

»Und die Biennale, machst du da nicht mit?«

»Silvio, Silvio Colli, mein Kritiker, meint, es sei besser, ihr fernzubleiben. Dieses Jahr sind die Avantgarde-Zombies dran.«

»Ach ja«, sagt sie, »ich habe irgendwo einen Artikel darüber gelesen.« Sie liest also doch etwas. Sie streicht sich übers Knie, mit einer sanften, kreisenden Bewegung über den Schenkel.

Ich sage: »Was mögen die an diesem tristen Zeug so aufregend finden?« Ich sehe sie an und lache.

Sie lacht nicht. Scheint mir nicht sehr überzeugt. Muß immer erst überlegen. Sagt: »Meinst du nicht, daß ein gewisses Engagement wichtig ist?«

Ich schaue ihre Finger an, die ruhig auf der Baumwollhose liegen. Denke: ›Schade, daß sie keinen Rock anhat.‹ Denke: ›Ich pisse auf Engagement.‹ Sage: »Schau, was ich mit meinen Bildern will, das ist, daß die Leute sich darin verlieren, sie sich darin wiederfinden.« Das ist vielleicht etwas wirr. Ich sage: »Etwas anderes interessiert mich nicht. Die da experimentieren. Seit neunzig Jahren experimentieren sie. Aber möchtest du ein Bild von denen zu Hause haben? Depressives Zeug. Um uns herum ist sowieso schon alles so häßlich, daß es mir saublöde vorkommt, sich auch noch häßliches Zeug ins Zimmer zu hängen. Und sogar dafür zu bezahlen. Ach halt, verkaufen interessiert die ja nicht, sie malen für den Ruhm. Ich nicht, ich bin keiner, der für den Ruhm malt. Über so was habe ich schon in der Schule gelacht, jetzt erst recht. Unsterblichkeit interessiert mich einen Scheiß. Aber weißt du, daß der größte Teil der Bilder von Leuten wie Rothko, de Kooning, Rauschenberg verfällt, sich wirklich materiell auflöst, meine ich, das Material, die Farben, die sie benutzt haben, überdauern nicht... Und es gibt Leute, die machen sich Sorgen darüber, daß es diese Werke im Jahr 2500 nicht mehr geben wird, aber bist du denn sicher, daß es dann auf der Welt überhaupt noch etwas geben wird? Also ich ganz und gar nicht. Ich will, daß die Kunst, meine Kunst, zum sofortigen Gebrauch ist.«

»Ein bißchen wie Warhol.«

»Ja, mehr oder weniger...«, sage ich und fahre fort: »Ich scheiße auf die Tradition und auf die Ablehnung der Tradition. Mich interessiert, ob mein Stil authentisch ist, zeitgemäß...« Ich spule das Repertoire des zynischen Kommerzkünstlers ab. Während ich rede, schaut sie mich weiter mit einem sonderbaren Ausdruck an, und ich denke, daß ich gar nicht so überzeugt von dem bin, was ich sage, daß ich es schließlich müde bin, immer die gleichen Dinge zu wiederholen, daß es überflüssig ist, sich so aufzuregen, daß jeder malen soll, wie er will, und die ganze Zeit rede ich, rede eine Menge, und sie nimmt alles auf, was ich sage. Und als sie die Beine anders übereinanderschlägt, wird mir klar, daß es etwas sehr intellektuell geworden ist: für eine Bumserei. Was tun?

Ich höre auf. Zünde mir eine Zigarette an. Lächle ihr zu. Gieße mir aus der Flasche auf dem Tisch etwas zu trinken ein. Sie trinkt nichts, nein. Ich muß noch einmal anfangen, das Gespräch auf etwas weniger Abstraktes bringen, aber das ist nicht einfach. Ich lege eine Kassette von Madonna ein.

Sie sagt: »Warum zeigst du mir nicht deine Bilder?«

Ich sage: »Gut, komm.« Sie geht vor mir her. Ich bin unentschlossen, ob ich ihr eine Hand auf die Schulter legen soll. Ich könnte ihren Hals streicheln, bis zum Nacken. Während ich noch daran denke, betritt sie das Atelier. Es ist nicht mit dem Loft zu vergleichen, den ich in der Via degli Ausoni gemietet habe. Doch mir ist bewußt, daß auch dies seine Faszination haben kann. Das Licht fällt direkt durch eine Dachluke ein, vielleicht einzigartig in der Stadt. Ich verwahre die Bilder mit der Vorderseite zur Wand. Das habe ich in *Drei* oder *Vier* – ich erinnere mich nicht genau – *Nächte eines Träumers* gesehen, als ich noch gar nicht malte. All meine Malerfreunde stellen ihre Bilder so hin, sie müssen alle den Film gesehen haben. Ich drehe eins nach dem anderen um. Beobachte Elenas Ausdruck, während ich sie ihr zeige.

Sie sagt: »Das hier ist schön«, mit ernster Miene. An diesem Punkt habe ich das Gefühl, ich kann zur Sache kommen. Ich lächle sie an. Lege ihr eine Hand auf den Arm. Sie blickt durch mich hindurch. Macht einen Schritt zur Seite. Doch ich lasse nicht locker. Schaue mir ihre Lippen an. Denke: ›Jetzt küßt du sie.‹ Die Lippen bewegen sich. Ihre Augen auch. In Richtung Bild. Sie sagt: »Dies scheint mir ein bißchen die Chiffre deines künstlerischen Credos zu sein.«

Wie kann man einer die Zunge in den Mund schieben, die so einen Satz zu dir sagt. Ich sage: »Ja, zum Teil…«

Sie setzt zu einer langen Rede über die Rolle der Kunst in der Massengesellschaft an. Sagt: »Ware«, sagt: »Signifikat und Signifikant«, sagt: »Apokalyptiker und Integrierte.« Panofsky, Adorno, Lukács. Man merkt, sie ist eine Studierte. Bei Lukács steige ich aus. Ich sehe sie wie von einem anderen Planeten an. Von dort fällt mein Auge auf ihre Titten in diesem unmodischen Hemd. Ich möchte ihr zu verstehen geben, daß ich nicht so hoch hinauswollte, daß ich andere Pläne hatte, daß man die Zeit angenehmer verbringen könnte.

Irgendwann hört sie auf. Fragt, ob ich nicht einverstanden bin.

Ich sage: »Doch, doch…«

Sie schaut mich an. Blickt verloren aus ihren großen Augen. Ich begreife nicht recht, was sie will. Vielleicht sollte ich näher an sie ran, aber es knistert überhaupt nicht. Also bleibe ich, wo ich bin. Schaue ihre Lippen an, die sich bewegen, als sie sagt, daß sie gehen muß. Ich begleite sie zur Tür. Denke: ›Küß sie jetzt.‹ Sehe sie an. ›Nein‹, denke ich, ›besser nicht.‹ Ich drücke ihr die Hand. Sehe ihre ovalen, perlfarbenen Fingernägel an. Stelle mir vor, wie diese langen Finger meinen Schwanz packen. Denke, daß es nur

Phantasie bleiben wird, als sie zu mir sagt: »Ciao, es war sehr interessant.«

»Ich bin an eine Intellektuelle geraten, verstehst du«, sage ich zu Alex, der mit verschränkten Armen und übereinandergeschlagenen Beinen daliegt, mit einem Fuß den Rhythmus in den Sand klopft. Er schaut mich an und lacht. Ich sehe mein Gesicht und ein Stück Himmel in seinen kobaltblauen Spiegelgläsern, während er das Lied mitträllert, das aus dem Recorder kommt, und sagt: » … aber sie ist eine tolle Frau, und ich bin sicher, daß sie Bock auf dich hat.«

»Ach, ich weiß nicht.«

»Warum sollte sie dich sonst besuchen kommen?«

»Um meine Bilder zu sehen.«

»Jahhh, die Bilder…«

»Also, sie ist bestimmt nicht nur deshalb gekommen, aber ich kann dir sagen, sie hat alles getan, um es sich nicht anmerken zu lassen. Und es knistert einfach nicht zwischen uns. So was passiert eben oder es passiert nicht.«

»Ich würde es passieren lassen«, sagt Alex und lacht in sich hinein. Er zündet sich eine Zigarette an.

»Und außerdem bin ich mir nicht mal sicher, ob sie mir wirklich gefällt.« Ich beobachte, wie der Windsurfer, der schon die ganze Zeit auf dem Meer ist, mit dem Segel fast die Wasseroberfläche berührt und dabei das Gleichgewicht hält. Sage: »Sie ist wirklich nett, aber auch irgendwie komisch, ich weiß nicht, wieso.«

»Neulich habe ich sie in *TV sud sud* gesehen. Da haben sie Ballettproben gezeigt. Furchtbar. Doch die hat vielleicht ein Paar Schenkel. Wenn die mitmacht, geht's ab, da kriegst du keine Langeweile. Und du bist schließlich ein wichtiger Mann, oder?« Er hält den Kopf schräg und lacht: »Aber das Schätzchen hat dich nicht im Fernsehen gesehen, sie weiß nicht, daß du diese sauscharfe Sforza gestoßen hast, daß Castelli dich in New York erwartet, daß du der neue Star der Malerei bist. Die müßte dich eigentlich drum bitten.«

Ich lasse den Blick schweifen: da sind die klar umrissenen Schatten der Jungen, die hundert Meter von uns entfernt Ball spielen, da sind die in Billigbauten entlang der Strandlinie verstreuten, noch geschlossenen Buden, die grünen, staubigen Sträucher gleich dahinter. Ich denke daran, daß es inzwischen seit ungefähr einem Monat so geht: daß mich keiner anruft, daß die Sforza nie zu Hause ist, wenn ich sie anrufe, daß mich alle vergessen zu haben scheinen. Ich strecke mich aus und sage: »Eigentlich habe ich den Eindruck, daß ich ihr scheißegal bin, wenn sie mich nicht so ansehen würde…« Ich schließe die Augen und spüre, wie die Sonne mein Gesicht aufwärmt, während sich die Stimmen der Ball spielenden Jungen entfernen. Ich höre, daß Alex die Kassette umdreht, höre ihn sagen: »Die ist einfach reif«, höre das Knirschen des Sands unter seinen Füßen, ihn sagen: »Das ist vielleicht heiß«, ihn sagen: »Gehst du nicht ins Wasser?«, mich selbst sagen: »Ich habe jetzt keine Lust«, und denke: ›Jetzt reicht es mit dieser Panik.‹ Ich rapple mich auf und sehe Alex von hinten, die Hände in den Hüften und das Wasser bis zu den Knien. Ich denke: ›Scheiß doch drauf, es ist immer noch besser als vor einem Jahr im Museum.‹ Versuche mich zu erinnern, wie es mir vor einem Jahr ging.

Da hatte ich eine Stechkarte, einen Achtstundentag, und das frühe Aufstehen war für mich eine Katastrophe, doch wie es mir *ging*, daran kann ich mich nicht wirklich erinnern. Vielleicht sogar besser. Alles lag noch vor mir. Jetzt dagegen... Alex dreht sich um und lächelt mir zu. Auch ich lächle. Dann lasse ich mich wieder in den Sand fallen. Schließe die Augen. Da ist diese Hitze, die mir das Gefühl gibt, körperlos zu sein, diese Musik, die träge aus dem Panasonic kommt. Ich überlege, wer das wohl ist, der da spielt. Als ich die Augen wieder aufmache, ist Alex weit weg, steht im Wasser, das ihm nur bis zu den Waden reicht, sieht aus, als würde er darauf gehen. Da ist diese unbewegliche Wasserfläche, die uns trennt, und er, der mir von der anderen Seite ein Zeichen gibt.

»Das ist eine alte Aufnahme von Budd und Eno«, sagt er und streckt sich auf der Matte aus. Sucht die Zigaretten, sagt: »Gut, nicht?« Zündet sich eine an, sagt: »Wenn ich mich kaputt fühle, lege ich so eine Musik auf und drifte ab. Sein Leben mit dem Pressen von Karottensaft zu verbringen ist auch nicht gerade der Wahnsinn.« Er grinst, macht eine Kopfbewegung, sagt: »Zum Glück holt mich jetzt ab und zu einer für ein Fest, und ich habe mein Programm bei *Radio sud sud*, kriege also irgendwie die Zeit rum.« Er sieht mich an. Ich wiege den Kopf. Er weiß nicht recht, was ich sagen will. Ich weiß es auch nicht recht. Ich überlege, daß ich, wenn alles so weitergegangen wäre, wie es sollte, einen Sekretär oder etwas in der Art gebraucht hätte. Ich sage: »Also...«

Er schaut geradeaus. Nimmt einen Zug. Fährt sich mit

der Hand durch die Haare. Denkt wahrscheinlich, daß ich ein Arschloch bin. Ich will ihm gerade die Situation erklären, will ihm erklären, wie fertig ich bin, da sagt er, einfach um etwas zu sagen: »Morgen abend spielen die Torquemada. Wenn du Lust hast, können wir zusammen hingehen.«

Ich sage, daß ich es noch nicht weiß. Daß ich es im Hinterkopf behalte. Daß ich morgen früh weg muß, zu diesem Kurs, nicht weiß, ob ich rechtzeitig wieder zurück bin. Ich glaube, ich kann ihm nicht die Wahrheit sagen, er ist schon zu deprimiert. Und ich auch.

Er murmelt irgend etwas über eine Frau aus dem Fitneßcenter, die ihn gefragt hat, ob es möglich sei, wegen eines Bilds in mein Atelier zu kommen. Ich sage, das geht in Ordnung. Er sagt: »Aber ich warne dich. Sie ist ein spezieller Typ.« Er erzählt mir eine witzige Geschichte, die ihm diesen Winter passiert ist. Ich sage: »In Ordnung, das heißt wohl, daß ich mich für die Kunst opfern muß.«

Als es noch heißer wird, gehen wir zum Auto. Es steht im Schatten eines Baumes, so niedrig wie ein Strauch. Ich setze mich und spüre, daß meine Schultern brennen. Stelle die Belüftung auf Höchststufe.

Ich betrachte das gebräunte Gesicht von Alex und mein gerötetes im Rückspiegel. Betrachte den Bug des Cadillac, der wie ein Schiff sanft über das staubige Sträßchen voller Schlaglöcher schaukelt, das parallel zum Strand verläuft. Der Ball fliegt durch die Luft. Hinter den türkis getönten Scheiben: die Jungen. Sie kehren dem Ball, der ins Meer rollt, den Rücken zu, schirmen die Augen mit der Hand ab, schauen uns wie einem Ufo nach, von der Sonne geblendet.

Das rote Lämpchen des Anrufbeantworters blinkt, als ich die Wohnung betrete. Ich spule die Kassette zurück. Schätze die Länge der Nachricht ab. Habe die zwei oder drei Namen im Kopf, die für mein Leben entscheidend sein könnten. Höre den ersten Piepston. Sehe das grüne Lämpchen aufleuchten. Denke, daß ich auch zufrieden wäre, wenn mich jemand um ein Interview bitten würde, einfach so, um das Gefühl zu haben, noch zu existieren. Ich drücke auf play. Da ist dieser kribbelige Moment. Es ist, als spielte ich ein Spiel, von dem ich schon weiß, daß ich es verliere, aber man kann nie wissen.

Ich höre Saras heisere Stimme am anderen Ende. Je länger sie spricht, desto dünner wird die Stimme. Sie sagt, daß sie mich sehen muß, mit mir reden muß, daß sie mich braucht, ich sie nicht anrufen soll, sie mich anruft.

Es könnte hier sogar schön sein, die Tuffsteinmauern sind hoch und gut proportioniert, aber überall ringsum an den Wänden hängen diese furchtbaren Gemälde. Da ist er, auf einem Foto, als Bauer verkleidet, mit Umhang und Bauernmütze, ein aufgesetztes Lächeln von einem Ohr zum anderen. Mit geht durch den Kopf, wie sich die Dinge geändert haben, seit der Populismus in Mode war. Zwanzig, dreißig Studenten sammeln ihre Notizen, ihre Unterlagen, ihre Taschen ein und stehen auf. Sie schauen mich zufrieden an, vielleicht, weil ich es gut gemacht habe, vielleicht, weil es zu Ende ist. Ich überlege, was ich ihnen beim nächstenmal erzählen soll, Gott sei Dank ist es das letztemal. Dann ist da diese Kleine mit der Brille, die zu mir kommt und fragt: »Und was halten Sie von Clemente?«

»Großartig.«

»Und von Schifano?«

»Großartig«, sage ich und wende mich zum Ausgang. Für heute habe ich genug geredet. Die Kleine läßt nicht locker. Als wir hinausgehen, kommt sie hinter mir her. Vor mir habe ich dieses deprimierende Panorama. Der Himmel ist grau und hängt tief über diesem Amphitheater der in Tuffstein gehauenen Behausungen. Da sind Hunderte von blinden Fenstern ohne Fensterläden, die aussehen wie Augenhöhlen von Totenköpfen.

Wie versteinert stehe ich vor soviel Trostlosigkeit. Denke daran, wie es mir der Bürgermeister vor ein paar Wochen angepriesen hatte: daß hier eine internationale Ausstellung mit einem Symposium über die Sassi und die heutige Kunst stattfinden wird und ich mir Gott weiß was dazu einfallen lassen soll. »Von dir erwarten wir eine umwerfende Idee, schließlich bist du unser Spitzenkünstler.« Ich denke an ein Heer von Bulldozern, die dieses Steintheater niederwalzen, untermalt von Musik der Trobbling Gristle, und ein großes Aquarell einer statt dessen projektierten Wohnanlage mit Hollywoodvillen, vielen Palmen, Swimmingpools à la Hockney, Hawaiimusik. Das wäre mit der Hälfte der Kohle zu machen, die man für die Restaurierung der Sassi braucht. Aber die Idee wäre ihnen vielleicht doch zu umwerfend. Die Kleine schaut mich an. Zuckt die Schultern. Stößt einen langen Seufzer aus und sagt doch angesichts dieses tristen Ausblicks: »Findest du nicht, daß es phantastisch ist?«

Ich sehe sie mir an. Sie hat Glubschaugen, ist leichenblaß, trägt ein aus der Form geratenes schwarzes Baumwollkostüm, einen langen Rock, Lederstiefel. Ich sage: »Ja, es ist phantastisch.«

Sie sagt: »Ich kenne da eine Stelle. Sieht aus wie in Mexiko. Wenn du willst, gehen wir hin.«

In den Tuff ist eine Sonne gemeißelt. Ihre Strahlen sind gewellt wie die Klinge bei einem Kris, diesem malaiischen Dolch, und in der Mitte ist ein grausames Gesicht. Wirkt wie eine aztekische Gottheit. Ich höre die Kleine stöhnen. Sie hat die Hände gegen die Mauer gestützt, direkt unter der aztekischen Sonne, während ich sie von hinten nehme und nach draußen schaue, auf die hohen Säulen, die sich in den Tuffhöhlen gebildet haben und die in regelmäßigen Abständen dastehen, wie die Säulen von einem Tempel. Es kommt mir, und ich hätte »Quetzalcoatl« schreien können statt eines Heureka, als ein zinnoberroter Strahl die Wolkendecke durchbricht, während die Kleine laut stöhnt.

Ich lege eine ein mal zwei Meter große Leinwand auf den Tisch. Mache eine Schachtel mit Farben von Winsor & Newton auf. Suche einen von diesen kommerziellen Sendern, die nur Popmusik spielen, diese Art Songs, die man ein paar Monate hört und dann völlig vergißt. Ich drehe am Knopf, und plötzlich ist da ihre Stimme, die sagt: »... das ist eine wichtige Erfahrung gewesen.« Ich hatte sie schon fast vergessen. Der Typ im Radio fragt sie: »Welche Pläne habt ihr für die Zukunft? Woran arbeitet ihr gerade?« Sie antwortet, und ich höre nicht so genau hin, was sie sagt. Ich höre nur den Klang ihrer Stimme, ihren leicht nasalen Tonfall. Ich denke an sie, ihre Figur, die Form ihrer Augen, ihre Schenkel im *Eco della città* und daran, daß ich sie haben will. Jetzt, wo ich sie im Radio höre, habe ich wirklich das Gefühl, sie zu lieben. Dann kommt ein Jingle, und weiter geht es mit Sport. Ich drehe wieder am Knopf, bis ich Patsy Kensit singen höre. Schmiere einen Streifen Farbe direkt aus der Tube auf die Leinwand.

Wenn ich verliebt bin, male ich viel.

Ich sehe, wie die dunklen Schatten der Delphine aus einem Magma von Farbtönen hervorzutreten beginnen, türkis, blau – in meinen Bildern ist immer viel Blau –, meergrün, und ich denke, daß sie eher wie Wale als wie Delphine aussehen. Ich schaue auf den Stundenanzeiger meiner IWC. Eine Stunde und dreiunddreißig Minuten. Das ist keine schlechte Zeit. Noch ein bißchen schneller, und wir haben es geschafft. Ich stelle die Stoppuhr wieder auf Null. Drehe das Bild um, schreibe mit Bleistift *x die Wale fixieren* darauf, darunter *Coro*, meine Signatur. Stelle das Bild zum Trocknen hin. Trinke den Rest aus meinem Glas. Gebe Eis in den Shaker und mache mir einen Martini. Lasse mich in einen Sessel fallen. Stecke mir eine Zigarette an. Mein Blick fällt aufs Telefon. Ich bin ein bißchen betrunken und sehr verliebt. Ich wähle ihre Nummer. Schon nach dem ersten Klingelzeichen meldet sie sich. Ich weiß nicht recht, was ich sagen soll. Sie scheint sich zu freuen, mich zu hören. Sehr zu freuen sogar. Sie fragt: »Malst du gerade?«

Ich sage ihr, daß ich eben mit einem Bild fertig bin. Frage, warum wir uns nicht sehen.

»Jetzt geht es absolut nicht«, sagt sie.

»Dann morgen.«

»Morgen habe ich meinen Englischkurs.«

»Bist du immer so beschäftigt?«

»Nein, es ist nur so, daß ich mich auf mein Examen vorbereiten muß, und das kostet mich viel Zeit.«

»Und für uns bleibt kein bißchen übrig?«

Es ist einen Augenblick still. Dann sagt sie: »Doch, wir sehen uns. Es ist sehr interessant, mit dir zu reden.«

Interessant – puah. Ich bin kurz davor, ihr zu sagen, daß mir das Reden mit ihr scheißegal ist, daß ich ziemlich in sie verknallt bin, daß ich sie einfach nur haben will – doch ich halte mich zurück. Sie ist kalt, frostig, ein Eisberg. Ich sage: »Und was machst du gerade?«

»Nichts. Ich habe eben aufgehört zu lernen und lese *Die Blendung* von Canetti. Kennst du das?«

Ich denke: ›Statt Canetti zu lesen, könntest du herkommen und ein bißchen mit mir knutschen.‹ Sage: »Du bist immer so *grauenhaft* intellektuell.« Ich muß es in einem besonders scharfen Ton gesagt haben. Sie ist sauer.

Sie sagt leise: »Es ist mir einfach nur als erstes in die Hände gefallen«, fährt lauter fort: »Und außerdem ist es gar nicht so schwierig, wie man denkt.«

Wenn es ihr gefällt. Ich sage: »Ja sicher.« Habe verstanden. Und keine Lust, noch bissiger zu werden. Ich sage noch irgendwas und verabschiede mich dann. Ich höre, wie ihre Stimme traurig wird, als sie unsicher zu mir sagt: »Wir hören voneinander.«

Ich lese das Schild »*Oasi* – Rasten und Relaxen« und blinke rechts. Steige aus dem Auto. Schlage die Tür zu. Recke und strecke mich. Richte mein Zöpfchen, zünde mir eine Zigarette an und gehe auf den Eingang zu. Von der Straße aus sieht man zwei mit Pinien bestandene Berge, die eine Schlucht bilden, und einen dritten ihnen gegenüber, ganz grün, die Pinien in geometrischer Ordnung gepflanzt. Dahinter hört man einen Fluß rauschen. Auf dem Parkplatz stehen ein Fiat 850 und ein 128 mit bunten Kissen auf der Ablage und Plastiktieren am Rückspiegel. Kinder auf einer Schaukel: Kaum haben sie den Cadillac gesehen, hören sie auf zu spielen und kommen näher. Fassen die Türgriffe an, fassen die Windschutzscheibe an. Gehen in die Knie, um sich die Räder anzusehen. Ich denke an das Schild *»Oasi«* und atme tief durch. Sieht eher aus wie eine Hütte im kanadischen Wald. Ein Dreieck aus Holz, auf dem First eine Unmenge Antennen und zwei rote windmühlengroße Kutschenräder, eins über dem Eingang und eins hinten.

Als ich hineingehe, habe ich wirklich das Gefühl, ein Dreieck zu betreten. Es gibt wenig Platz, und der ist dreieckig, verkleidet mit rotem Holz. Der Typ hinter der Theke hat die Ellbogen aufgestützt, blättert in einer Zeitschrift, die *Cronaca vera* sein könnte. Er trägt eine Brille mit Metallgestell, die dicken Gläser sind an den Rändern schmierig. Ein dünner Schnurrbart in einem spitzen Gesicht. Ich frage ihn, ob es etwas zu essen gibt. Er sagt, er kann mir ein Brötchen machen. Gegenüber ein Poster von Little Tony, an der schrägen Wand Bonbontüten, das Regal mit Mulino-Bianco-Gebäck vollgestopft. Ich lehne mich an die Theke und sehe mir die Bilder an, die ohne Ton über den kleinen Fernseher flimmern. Sie ist es, die mich vom Bildschirm herunter anschaut. Eine Großaufnahme von ihr. Ich sehe auf ihre Lippen, die sich im bläulichen

Licht bewegen, ohne daß ich höre, was sie sagt. Beiße ins Brötchen und denke: ›Die ist ja ständig im Fernsehen.‹ Sie trägt ein Kleid, in dem ich sie noch nie gesehen habe. Ich trinke einen Schluck Bier und denke, daß sie mir im Fernsehen noch besser gefällt. Ich sehe sie lächeln, sie scheint so etwas wie einen Gruß zu sagen. Ich stürze ein Bier hinunter, und beim zweiten fühle ich mich hoffnungslos verliebt. Ein Waschmittel habe ich noch nie gekauft, nachdem ich es im Fernsehen gesehen habe.

Auf der Straße begegnen mir zehn, zwanzig Jahre alte weiße Fiats und hellgrüne Opel voller Typen mit Mausgesichtern. Fuchsschwänze, rote Pferdchen, gelbe Küken baumeln von den Rückspiegeln.

Ich habe den Cadillac unter einer hohen, unverputzten Mauer geparkt und mich schon gefragt, was ich in diesem miesen Dorf verloren habe. Die Musik wird lauter, als ich den Wagenschlag öffne. Ich sehe ein paar Leute in ungefähr hundert Meter Entfernung.

Auf der Straße unterhalb der Bühne steht eine Gruppe von vielleicht dreißig Jugendlichen. Über der Bühne ein Balkon mit roten Geranien und einer fetten Familie, die nach unten guckt. Auf der gegenüberliegenden Straßenseite eine Begrenzungsmauer. Davor stehen Schulbänke mit Mädchen, die aufspringen, miteinander schwätzen, sich anstoßen, sich die Röcke lupfen und sich mit bloßem Hintern auf die glatten Bänke setzen. Über der Mauer sind fünf oder sechs Grüppchen von Alten, in Braun gekleidet, mit schäbigen Hüten und stinkenden Zigarren, bebrillte und zahnlose alte Frauen, die Köpfe in dunkle Tücher gehüllt, die sich nicht vom Fleck rühren und um sich blicken wie die Hühner. Auf der Bühne spielen die Torquemada diese harte, präzise, ausgefeilte Musik. Unter der Bühne sehe ich Alex, der im Rhythmus nickt und mit Elena Fassi redet. Ich weiß nicht recht, ob ich zu ihnen gehen soll. Während ich noch überlege, steuert sie auf ein anderes Grüppchen zu.

Alex zeigt mit dem Kinn auf die Bühne und sagt zu mir: »Die sind toll, nicht?«

Ich nicke.

Er fragt: »Hast du sie gesehen?« Ich nicke noch einmal. »Sie hat mir erzählt, daß sie auch zu dieser Sache mit den Sassi fährt. Wann fängt das denn an?«

Ich sage es ihm, und da ist sie, im Hintergrund, winkt mir zu. Sie nähert sich uns, ungelenk, niedlich. Sagt: »He, ciao.« Sagt: »Na, wie geht's?« Sagt: »Ich habe viel über die Dinge nachgedacht, über die wir gesprochen haben.«

Sie trägt eines ihrer üblichen Hemden. Ihr Gesicht ist glatt, gebräunt. Sie hat sich ein bißchen Sonne gegönnt. Ich denke an unsere letzte Unterhaltung am Telefon. Mein Lächeln ist ein bißchen böse. Ich sage: »Ah ja.« Ich gebe mich ziemlich desinteressiert.

Sie lächelt. Ihre Zähne sind schneeweiß. Das war mir noch nicht aufgefallen. Vielleicht leuchten sie wegen der Bräune so. Sie sagt: »Ich komme zu der Ausstellung bei den Sassi, weißt du. Wir sehen uns also dort.« Sie schaut mich mit ihrem üblichen Blick an, gibt mir die Hand, lächelt und geht dahin zurück, woher sie gekommen ist. Die aus ihrer Gruppe schauen mich an, schauen sie an. Alex applaudiert und sagt: »Die ist reif.« Kommt mir auch so vor. Ich denke, die kurze Unterhaltung am Telefon hat sie wahrscheinlich umgekrempelt.

Der Sänger der Torquemada trägt eine weiße Smokingjacke, Tarnuniformhosen, hohe schwarze Turnschuhe, und in seinen Haaren glänzt das Gel. Er beugt sich übers Mikrofon. Eine Locke fällt ihm in die Stirn. Er schaut in unsere Richtung, unterhalb der Bühne, wo applaudiert wird, schaut zu den Mädchen auf den Schulbänken, auf die Grüppchen der alten Männer mit den kalten Zigarren im Mund. Sagt mit schmeichlerischer Stimme: »Danke, ihr seid ein wundervolles Publikum.«

Ich höre meine Stimme sagen: »Ich bin bis zum 5. nicht zu Hause. Wenn Sie eine dringende Nachricht haben, können Sie mich auch unter der Nummer 08 35 2 25 68 erreichen.« Ich halte die Fernabfrage meines Anrufbeantworters an den Hörer. Drücke auf der Tastatur die Zwei und die Sechs. Schaue auf die Lichtkreise, die durch die Fensterläden dringen. Die grüne Lampe auf dem Tischchen. Da ist ein Piepsen. Zweimal Summen. Das Klicken des aufgelegten Hörers. Zweimal Piepsen. Ich überlege, wer mich angerufen hat und warum er aufgelegt hat. Werfe die Fernabfrage auf eines der beiden Betten. Lasse mich selbst aufs andere fallen. Verschränke meine Hände hinter dem Kopf. Betrachte die Spitzen meiner Krokostiefel. Denke an den Typ, den ich oft im Fernsehen sehe, wie er mich ängstlich fragt, ob ich zu Collis Stall gehöre, an mich, der ich nicht weiter darauf eingehe, an die Leute, die um mich herumstehen, mir eine Frage nach der anderen stellen, an den Fotografen, der mich mit seinem Blitzlicht blendet, während

Barbara Diodati Sforza sich an mich schmiegt, der Träger ihres schwarzen Kleides rutscht von der Schulter. Ich seufze. Wer weiß, wo diese blöde Kuh abgeblieben ist. Ich habe Hunger, aber keine Lust, etwas zu essen. Langsam werde ich schwierig, wie ein echter Künstler. Ich habe einfach Angst. Mir schnürt sich das Herz zusammen. Wie kann das sein, daß mich niemand anruft? Möglich, daß alles schon zu Ende ist.

Möglich. Ich schaue auf die Uhr. Nur noch eine Stunde bis zum Kurs, und danach muß ich meine Installationen aufbauen.

Als ich zurückkomme, ist mehr Leben an der Rezeption. Die ersten Gäste erscheinen. Ich schaue mich um, ob ich jemanden kenne. Nein, niemand dabei. Doch jemand dabei.

Sie sitzt auf der Kante eines Sessels gegenüber der Bar. Blättert zufrieden in einer Illustrierten. Wendet den Kopf, sowie sie mich sieht. Klappt die Illustrierte zu. Steht auf. Kommt auf mich zu. Gibt mir die Hand wie einem flüchtigen Bekannten. Ich sage: »Was machst du hier?« Sie sagt: »Rate mal.«

Man hört den Lärm eines Tieffliegers. »In diesem Augenblick ist es 18 Uhr, 30 Minuten und 25 Sekunden, draußen ist es heiß, und auf dem Plattenteller dreht sich schon *Surrender* von Swing out Sister, und hier ist natürlich *Radio Rolling Stones*, das Radio der *Sassi rotolanti*, gute Unterhaltung«, sagt die Stimme im Radio. Die Fensterscheiben vibrieren, und das Bett quietscht, während Sara auf meinem Ding sitzt und sich auf und ab bewegt, den Kopf nach hinten wirft, sich die Hände auf die

Titten preßt. Ich sehe ihre dunklen Brustwarzen, den Schweißtropfen zwischen ihren Brüsten, das Weiße in ihren halbgeschlossenen Augen. Ich sage: »Gib acht, ich komme gleich.« Sie stöhnt und bewegt sich schneller. Noch schneller. Wird schneller als der Rhythmus im Radio.

Man hört eine Stimme im Lautsprecher, die aus dem Saal am Ende des Bogengangs kommt. Gelbliches Licht fällt zwischen die glatten, geschliffenen Tuffsteine. Am Eingang stehen ein paar Typen mit Zöpfchen, einer hat seinen Ellbogen in die Hand gestützt. Ich gehe an den Kabinen der Dolmetscherinnen vorbei. Sie sitzen übers Mikrofon gebeugt, pressen sich die Kopfhörer auf die Ohren, machen nachdenkliche Gesichter. Ich denke an ein Museum mit Philosophen in Ausstellungsvitrinen. Ich sollte sie malen, mit den Kopfhörern. Eine ist nicht schlecht: eine Rothaarige in einem engen Glencheck-Kostüm. Ich schaue mich um. Der Rest ist wirklich trostlos. Das weibliche Publikum solcher Veranstaltungen ist eine Katastrophe. Es mögen ungefähr fünfzig Leute dasein. Ein Dutzend Zöpfchen, mehr oder weniger gleich auf Alt-Ökologen und High-Tech-Leute verteilt. Außerdem Intellektuelle in ihrem Khakizeug, ein Grüppchen Offizielle und eines mit angestrengt blickenden Nymphen in langen schwarzen Röcken und Schuhen, die auf keinen Fall zu den Kleidern passen dürfen. Eine Gruppe aus dem europäischen Ausland, die Haare kurz und schlecht geschnitten, enge Hemden mit halbem Arm, Hosen mit scharfen Bügelfalten, weiße Socken.

Der Typ hinter dem Rednerpult trinkt einen Schluck Wasser, wirft einen Blick zu Sarnetti hinüber, dem Kurator der Ausstellung, und fährt fort. Ich lächle dem Bürgermeister zu, der neben ihm steht. Er erwidert den Gruß, hebt den Kopf, wiegt ihn und macht ein Gesicht, das ich nicht recht einschätzen kann. Auch Sarnetti hebt die Hand. Bevor ich von Colli entdeckt worden bin, hat er mich nicht einmal gegrüßt, danach hat er angefangen, mich mit dem *genius loci* und solchem Zeug zu nerven, und daß man eine Ausstellung organisieren könnte. Ich habe ihm gesagt, daß mein *genius loci* das Fernsehen ist und daß Castelli in New York auf mich wartet. Zumindest hoffe ich das. Ich lasse mir einen Kopfhörer für die Übersetzung geben. Versuche zu raten, welche Stimme die von der Rothaarigen im Glencheck ist. Ich bleibe bei der deutschen Übersetzung hängen. Klatsche Beifall, als der Typ zu sprechen aufhört. Höre ein Rauschen in den Kopfhörern, das Knacken eines Schalters. Ich drehe mich um und sehe sie aus der Kabine kommen. Wenn sie steht, ist sie noch besser. Sie ist groß, mit zwei beachtlichen Titten. Rechts von mir steht ein Typ, der applaudiert und mich anlächelt. Er sieht sympathisch aus. Ein griechischer Haarschnitt über einem griechischen Gesicht. Dann stehen alle auf. Ich versuche, die Journalisten zu erkennen – gestern gab es einen Artikel in der *Repubblica*. Eine Blonde mit ausrasiertem Nacken, die zur High-Tech-Fraktion gehört, sagt ins Mikrofon, daß die Arbeit am Nachmittag fortgesetzt wird. Der Bürgermeister stellt mir den Typ vor, der geredet hat. Der stellt mir ein paar andere Leute vor, die mir wiederum noch ein paar Leute vorstellen. Nach kurzer Zeit kenne ich beinahe alle, auch den Amerikaner mit dem griechischen Haarschnitt, obwohl ich nicht weiß, wer sie alle sind, und mich nicht erinnere, wie sie heißen.

Bei Tisch gerate ich neben einen, der ein grimmiges Gesicht macht und ein T-Shirt mit dem Aufdruck *L'homme invisible* trägt. Rechts sitzt ein Typ mit einem Ohrring, unterhält sich mit einem klapperdürren Mädchen, das erzählt: »... ich schreibe jetzt Geschichten, die in anderen Epochen spielen.« Der Typ mit dem Ohrring fragt: »Also historische Erzählungen?«

Sie schaut ihn an, bewegt den Kopf, die Haare fallen ihr vor die Augen, sagt: »Ja, genau.« Sie spielt mit einer Haarlocke, hält den Kopf schräg nach unten, als sie erklärt: »Die Idee ist, ›historische‹ Personen, wie du sie nennst, zu nehmen, doch welche, die wenig bekannt sind, eher unbekannt, und die etwas mit Verbrechen, Leidenschaften, Bluttaten zu tun haben.«

Der Typ faßt sich an das Ohrläppchen mit dem Ring: »Interessant.« Er schaut sie an. Sie ist blaß. Hat schmale Lippen, violett angemalt. Ihre Augen sind wäßrig grün, und sie trägt ein schwarzes Hemdchen. Der Kellner serviert ihnen das Essen. Mein Blick fällt auf die beiden mit den Zöpfchen, die sich mir gegenüber hinsetzen.

Es sind Altfreaks. Sie sagen tatsächlich: »Guten Tag.« Fragen: »Sind diese Plätze frei?« Die High-Techs antworten nicht einmal. Der mit dem längeren Zopf, wirklich schon fast ein Pferdeschwanz, streicht sich über den Bart, schaut den anderen an, der größer ist, doch weniger Haare hat. Zwei dicke Strähnen hängen ihm ins Gesicht. Er hat es nicht geschafft, sie nach hinten zu binden. Er sieht seinen Freund aus zwei himmelblauen Augen voller Sanftheit an, der andere bewegt kaum den Kopf. Sie haben auf den Armen ein Cannabisblatt und einen Schmetterling tätowiert. Sind gekleidet, wie ich in meiner indisch-buddhistischen Periode gekleidet war, was eine Ewigkeit her ist: lange Baumwollhemden ohne Kragen, geflochtene Silberringe, auffällige Gürtel zu Hosen aus grobem Leinen. Ihre Augen und Gesichter sind die zweier nordischer Ritter. Besser noch: eines Ritters – der mit dem Pferdeschwanz – und seines Knappen. Sie hängen ihre Umhängetaschen an die Stuhllehnen. Setzen sich hin. Sie wirken verlegen, schieben das Besteck hin und her, schauen sich um. Der Ritter lächelt mich aus seinen großen blauen Augen an. Lächelt auch den Homme invisible neben mir an. Er fragt ihn, was es Gutes zu essen gibt. Ich wundere mich, daß der andere ihm antwortet, sie fangen sogar ein Gespräch an. Der Ritter ist ein Öko-Konzeptkünstler, in dem Sinne, daß im Mittelpunkt seiner Werke, sagt er, immer die Natur steht. Er zieht einen roten Plastik-Spielzeug-Walkman aus der Tasche. Darauf ist eine Äolsharfe zu hören. Er erzählt, daß er von seinem Haus auf dem Land aus zwei Kirchtürme sieht und daß er sie einfach mit einem Nylonfaden verbinden wollte. Dann hat er das Ohr an den Faden gehalten und diese eigenartige, vom Wind erzeugte Musik gehört. Hierher hat er den Nylonfaden und einen selbstgebauten großen Resonanzboden aus Holz mitgebracht. »Ich habe nur einen einfachen Tonabnehmer dazugetan, das ist mein einziger Beitrag. Den Rest macht allein der Wind. Ich weiß nicht, hör nur«, sagt er zum Homme invisible, »es ist eine Musik, die aus den Sternen kommt, astral.« Er gibt ihm den Walkman.

»Nein, noch nicht, ich habe sie niemanden lesen lassen«, sagt die blasse Schriftstellerin, »und außerdem, weißt du, ich weiß nicht, ob ich sie je einem zum Lesen geben werde.« Der Typ mit dem Ohrring tupft sich mit der Serviette die Lippen ab. Schaut sie immer noch an: »Warum gibst du sie nicht mir zu lesen?« Er steckt einen Finger in ein weiches Päckchen Marlboro, fragt: »Hast du sie hier?« Die Blasse macht ruckartige Kopfbewegungen. »In deinem Hotel?« fragt der Typ mit dem Ohrring. Sie bewegt wieder den Kopf. Der Typ sagt: »Also gehen wir nach dem Essen ins Hotel.« Die Blasse antwortet nicht. Sie steckt sich eine Lucky Strike ohne Filter an, sagt: »Weißt du, ich habe gelesen, daß ich zur Risikogruppe gehöre: Seit meinem zwölften Lebensjahr rauche ich ein Päckchen am Tag.« Ich schaue sie an. Ich glaube, sie ist schon im Zustand der Verwesung.

Der Amerikaner mit dem griechischen Gesicht sitzt am anderen Tisch, hebt sein Glas und lächelt mir zu. Ich lächele zurück. Bis ich ihm zuprosten kann, schaut er nicht mehr in meine Richtung. Der Homme invisible ißt seine Pasta mit der äolischen Musik in den Ohren. Er sagt: »Interessant«, ohne die Augen von seinem Teller zu heben. Dann schaut er den Ritter an. Der Ritter nickt, schaut mich an. Seine Augen so groß, unschuldig und treu. Er spricht mit einem Typ in einem blauen Jackett, der erst zum Schluß dazugekommen ist. Erzählt ihm noch einmal die Geschichte mit den Kirchtürmen, dem Nylonfaden, und wie er diese äolische Musik entdeckt hat. Der Homme invisible gibt die Kopfhörer an mich weiter. Sagt: »Interessant.« Es sind lange Pfeiftöne, immer ausgelöst von einer Art Zündung. Das mag ja astral sein, doch ich finde es beklemmend. Ich lächle den Ritter an, dann den Knappen, schaue auf den Teller, den ich vorgesetzt bekomme, lese darauf *Al Sasso d'oro*, nehme die Kopfhörer ab. Der Homme invisible sagt: »Interessant, nicht?«

Ich sage: »Ja, obwohl…«, nur um dann fortzufahren: »Ich höre im Moment am liebsten kommerzielle Radiosender.«

Der Homme invisible schaut mich neugierig an: »Wie das?«

Ich muß etwas sehr Avantgardistisches gesagt haben.

»Ach, ich weiß auch nicht«, meine ich.

Der Homme invisible stößt die Luft durch die Nase aus, macht eine Kopfbewegung und lächelt schmallippig, wirft einen Blick in die Runde, sagt: »Komisch, nicht?«, während der im blauen Jackett roten Wein aus einem bauchigen Glas trinkt, der Äolische sich nachdenklich über den Bart streicht, der Knappe ins Leere starrt.

Wir stehen noch vor dem Ausgang des Restaurants beieinander und unterhalten uns. Da taucht der Amerikaner mit dem griechischen Gesicht auf, zieht eine rote Sonnenbrille aus einem Etui, hebt eine Hand, sagt »halt« und fotografiert uns mit seiner kleinen eiförmigen Olympus.

Ich komme aus der Hoteltür, als ich sie vor mir sehe. Sie steigt die Treppe hoch. Sieht mich nicht gleich. Draußen ist ein intensives weißes Licht. Ich sage: »Hallo.« Gehe zu ihr. Umarme sie. Drücke sie ein bißchen mehr als nötig. Sie sagt, noch geblendet: »Ich bin vor ein paar Stunden angekommen.« Schaut sich um, meint: »Heiß hier, nicht?«

Mein Blick fällt auf ihren Busen unter dem weißen T-Shirt, die Schweißflecken unter den Achseln. Ich stelle sie mir nackt in meinem Zimmer vor, um diese Zeit, bei dieser Hitze. Sage: »Na, und was machen wir jetzt?«

»Ich nehme eine Dusche. Ist die Ausstellung weit von hier?«

»Nein.«

»Dann sehen wir uns in einer Stunde dort, einverstanden?«

Ich sage ja, fühle gleichzeitig, wie Stefano mir sanft auf die Schulter faßt. Stefano ist der Homme invisible. Jetzt trägt er einen dunklen Nadelstreifenanzug zu einem weißen T-Shirt. Als ich ihm Elena vorstelle, schaue ich mir Stefanos Gesicht an und frage mich, ob das sein muß. Er zieht sie mit den Augen aus.

Stefano und ich bleiben allein zurück. Ich schaue auf die Metallspitzen seiner schwarzen Stiefel, die in der Sonne glänzen. Höre seine Stimme sagen: »Wo kommt die denn her?«

Da steht einer am Eingang, der einem Gummistiefel gibt. Wir klettern langsam die in den Tuff gehauenen Stufen hinunter. Ich sehe sie durch eine Tür verschwinden, die aus Plastikstreifen besteht. Es sieht aus, als hätte ihr Körper seine Konsistenz verloren. Von der anderen Seite kommt ein bläulicher Schimmer. Klare, langgezogene Töne sind zu hören. Am Fuß der Treppe schlägt das Wasser gegen den Tuffstein.

Da ist dieses blaue, unnatürlich helle Licht und überall im Wasser Monitore. Sie gibt mir die Hand. Wir steigen hinein. Ich fühle mich schwerelos, als wir durch das fluoreszierende Wasser gehen. Blicke auf das noch intensiver blaue, noch stärker leuchtende Wasser auf den Monitoren. Die Klänge werden noch länger gezogen, zarter, und sie verliert ihr Gleichgewicht. Ich halte sie am Arm fest, küsse sie, schaue sie an. Ihre Augen voller Reflexe. Sie schiebt mich mit der flachen Hand weg. Lacht. Sagt: »Was tust du?«

Ich streichle ihren Nacken: »Was meinst du denn, was ich tue?«

Sie schaut mich mit diesem sehnsüchtigen Blick an, verliebter denn je. Sieht zur Decke hoch: »Schau mal die Reflexe da oben.«

Ich hebe ebenfalls den Kopf. Als ich ihn wieder senke, steigt sie gerade aus dem Wasser. Wendet sich um. Lächelt mich an.

Der Typ von *Tele Sassi media* fragt mich, wie ich heiße. Ich sage es ihm. Er gibt dem Kameramann ein Zeichen, daß er anfangen kann. Sagt: »Wir sind hier mit Edmondo Cono.« Ich sage: »Coro«, denke, daß er die Einleitung wiederholt, aber er macht weiter, sagt: »Einer der aufstrebenden Künstler, der uns etwas über den Sinn seines Beitrages zu den Sassi sagen wird.« Während ich spreche, sehe ich in die Fernsehkamera, zu den Leuten, die zwischen den Kunstwerken herumlaufen, auf den Interviewer, der mir ein Zeichen gibt, schneller zu machen. Ich bemerke, daß sie an der Seite steht und die Szene beobachtet. Sie hat ihr Haar nach hinten gekämmt, trägt ein schwarzes Kleid. Das ist nicht ohne eine gewisse Wirkung. Ich überlege, ob ich in ein paar Stunden wohl endlich weiß, wie sie unter dem Kleid aussieht. Ich höre auf zu reden. Der Interviewer schaut mich kaum an. Sagt zum Kameramann: »Den mitgerechnet, bleiben uns noch sieben.«

Ich gehe ihr entgegen. Küsse sie, so nah am Mund wie möglich.

»Wie ist das Interview gelaufen?« fragt sie.

Ich zucke die Schultern, um zu zeigen, daß es mir scheißegal ist. Sage: »Machen wir einen Rundgang?«

An den Wänden hängt alles mögliche. Mir scheint alles überflüssig, schon gehabt, langweilig. Ich frage mich, wo die Bilder des malenden Schriftstellers geblieben sind, die vorher hier hingen. Sie schaut sich die Sachen an, sieht mein angewidertes Gesicht, geht weiter. Fragt: »Und du, wo bist du?«

Wir gehen nach draußen: Bläuliches Neonlicht von meinen aztekischen Kupfersonnen im weiten Rund des Amphitheaters der Häuser, das sich mit dem Licht des Mondes verbindet, und elektronische Sequenzen, die von verschiedenen Stellen ausgehen, immer paarweise und nach kurzen Pausen erklingen. »Schön«, sagt sie.

»Stimmt«, sage ich.

»Und diese Töne?«

»Das ist die *Jingle music* von Steve Narrow. Nicht schlecht, oder? Zwischen diesen Hütten sind ungefähr hundert Lautsprecher verteilt, die in bestimmten Abständen einen Jingle ausstrahlen. Jeder Jingle kommt aus zwei Lautsprechern, die weit auseinander stehen…« Ich gehe näher an sie heran. Sage: »Warum machen wir da drinnen nicht einen Rundgang?« Sie schaut mich an. Bewegt ihren Kopf, als wollte sie sagen, daß sie verstanden hat, was ich da drinnen machen will. Sie lächelt. Sagt: »Höchstens später. Jetzt laß uns erst einmal sehen, was hier geschieht.«

Es geschieht, daß einer »Luca Pistoia ist angekommen« ruft, als der Bürgermeister gerade mit mir spricht, worauf er »Ah, ist er angekommen« sagt, zu mir: »Entschuldigung«, und zum Eingang geht. Drei oder vier Leute folgen ihm. Ich sehe Elenas Augen leuchten: »Ich habe all seine Bücher gelesen«, sagt sie zu mir, »vielleicht kann ich ihn kennenlernen.« Sie faßt mich am Arm, ganz aufgeregt: »Gehen wir?«

Er hat einen formlosen Haarschnitt, eine runde Brille mit Metallgestell, ein Schnurrbärtchen und einen Eine-Woche-Bart, trägt eine beige Cordjacke und ein kariertes Hemd. Ich habe nie eine Zeile von ihm gelesen, aber danach zu urteilen, wie er angezogen ist, kann es nichts Besonderes sein. Doch er ist der Star des Abends. Ich stehe ganz allein da, einen Ellbogen auf die Hotelbar gestützt, schlürfe meinen dritten Jack Daniel's, während sich alle um ihn drängen. Ich habe gesehen, wie er Elena angeschaut hat, als sie ihm vorgestellt wurde, und welche Blicke er ihr zwischendurch zuwirft. Jetzt sind sie allein. Sie verschlingt ihn mit den Augen. Und er sie.

Hinter meinem Rücken höre ich eine Stimme, die klingt, als würden Teller zu Bruch gehen: »Warum müssen diese Dinge geschehen, Eddi?« Ja, warum? Ich drehe mich um. Da ist der Amerikaner mit dem griechischen Gesicht. Er schaut zum Fernseher. Über den Bildschirm laufen Szenen eines Attentats, Typ Libanon. Eine Bahre und Leute, die lautlos schreien, Rauch, Blut, Trümmer überall. Der

Amerikaner schüttelt traurig den Kopf und legt mir eine Hand auf die Schulter. Er trägt eine schwarze Lederkrawatte, mehr schlecht als recht geknotet, und eine schwarze Jacke mit schmalen Revers. Er gefällt mir. Mir gefällt, daß er sich meinen Namen gemerkt hat, und seine Art, ihn auszusprechen. Wie hieß er selbst doch gleich? Er sagt: »Also, Eddi, wann sehen wir dich in New York?« Ich will ihm gerade antworten, als er über meinen Kopf hinweg auf sie schaut, sagt: »Schön, dieses Mädchen.«

Ich sage: »Allerdings«, und wir gehen Richtung Speisesaal.

Andy. Andy heißt er, und er redet für Steve. »Das ist Steves erste Produktion. Die *Jingle music* ist auch ernst, aber dies noch mehr«, sagt Andy, der sein Manager ist. Ich sehe in seine griechischen Augen, auf seinen griechischen Haarschnitt, sein griechisches Kinn, während aus den Boxen Percussion mit dem lässigen Arpeggio einer Trompete kommt. Die anderen in der Runde hören ein paar Minuten zu, nehmen dann ihre Gespräche wieder auf. Ich denke: ›Was für ein Scheiß‹, stehe auf und gehe zum Klo. Gehe durchs Haus. In einem Dachzimmer steht ein Innocenti-Metallröhrenbett – bestimmt zehn Jahre habe ich so etwas nicht gesehen –, Fotos von Robert Doisenau an den Wänden. Ich sehe sie, nah beieinander in einer Ecke der Terrasse, wie sie sich unterhalten. Hinter ihnen, wie auf einem Plakat des Fremdenverkehrsvereins: die Sassi, erleuchtet von meinen aztekischen Sonnen. ›Blöde Kuh‹, denke ich, ›und das mußte unbedingt heute abend passieren.‹ Ich fühle mich völlig am Ende. Schleife mit den Füßen über den Boden.

Habe einen Kloß im Hals. Schlage die Tür zu, schließe mich ein, und als ich fertig bin, kriege ich die Tür nicht auf. O Gott, nein. Jetzt ist mir wirklich nicht danach, jemanden zu rufen, auch noch der Trottel zu sein, der die Klotür nicht mehr aufbekommt. Ich setze mich auf die Schüssel, betrachte meinen Schatten im Spiegel. Denke an Silvio, an »Offen unter 35«, an Leo Castelli, an meinen stummen Anrufbeantworter, an Elena mit Pistoia auf der Terrasse und verfalle in die finsterste Verzweiflung. Als ich ganz unten bin, fängt es langsam an, daß mir alles komisch vorkommt. Ich bin hier im Klo eingeschlossen und lache wie ein Blöder. Ich lehne den Kopf gegen die kühlen Kacheln. Schließe die Augen. Stoße einen Seufzer aus, der mehr wie ein Schluchzen klingt. Dann stehe ich wieder auf. Konzentriere mich auf das Schloß. Und spüre, wie der Schlüssel sich dreht, spüre, daß ich es noch schaffen kann, daß noch nicht alles zu Ende ist.

Mit entschlossenen Schritten gehe ich durchs Haus. Mir scheint, ich habe mehr Luft in den Lungen, ich fühle mich größer. Doch ich werde sofort wieder klein.

Jetzt liegt die Terrasse verlassen im Licht des Mondes und meiner aztekischen Sonnen. Macht einen seltsamen Eindruck. Sieht aus wie ein unvollendetes Gemälde.

Als wir aufbrechen wollen, kommt der Gastgeber auf Steve, Andy und mich zu, sagt: »Ich gehe ein Stück mit euch, bis zu meinem Haus.«

Ich frage: »Wohnst du denn nicht in den Sassi?«

Er sieht mich an, sagt: »Bist du verrückt? Sehe ich aus wie einer, der hier unten wohnt? Das ist das Haus meines Vetters.«

Als Elena und Pistoia wieder auftauchen, sind wir immer noch an der Hotelbar, Andy, Steve und ich. Ich bin mit Alkohol abgefüllt, und um mich herum dreht sich alles. Ich schaue in Elenas Augen, als sie in meine Richtung winkt. Versuche, ihr zuzulächeln, aber ich weiß nicht, ob es mir gelingt. Pistoia geht zur Rezeption, nimmt den Schlüssel neben meinem, bleibt bei einer Gruppe an einem anderen Tisch stehen und redet mit ihnen. Da ist die Dolmetscherin im Glencheck-Kostüm. Sie lächelt ihm zu, die langen Beine übereinandergeschlagen, eine Hand mit zwei gespreizten Fingern im Gesicht. Elena steht dabei. Schaut Pistoia an, während er redet. Verzieht den Mund. Verlagert das Körpergewicht auf ein Bein, auf das andere, schaut sich um. Schaut auf die Uhr. Es ist drei. Ich sehe zu Pistoia, der immer noch redet, zu Elena, die gähnt. Verabschiede mich von Steve, von Andy, und als ich zum Aufzug schwanke, scheint mir alles klar. Pistoia hat es bestimmt auch probiert, aber ich habe so das Gefühl, die Kleine ist einfach frigide. Ich winke ihr zu: ciao-ciao. Lächle sie mit aufgerissenen Augen an. Sie reagiert fast nicht.

Mit dieser beruhigenden Vorstellung im Kopf werfe ich mich aufs Bett. Als ich die Augen schließe, muß ich an Karussellfahren denken – ich hasse diese Erinnerungen an die Vergangenheit. Mache die Augen gerade noch früh genug wieder auf, um mich nicht vollzukotzen.

Nachher fühle ich mich besser. Wie neugeboren, nachdem man tot war. Ich muß noch betrunken sein, sonst würde ich niemals so etwas denken. Jedenfalls fühle ich mich jetzt entspannt. Ich versuche, die Augen wieder zu schließen. Empfinde eine angenehme Erschöpfung, bis in die Fußspitzen. Da bin ich, wie ich an der Ampel halte, und Barbara Diodati Sforza schaut von einer Plakatwand am rechten Straßenrand auf mich herunter. Sie trägt einen einteiligen Badeanzug, ihre Schenkel sind zu sehen, darunter steht: *Oceano*. Ich sehe den Schwung ihrer Hüften, ihre Lippen, ihre ausdrucksvollen Augen, und dann wende ich den Blick ab, und sie sitzt neben mir. Da ist ihr Haus am Meer, das Mondlicht spiegelt sich auf dem Wasser, ich küsse sie, streiche zärtlich über ihre Hüften, ihre Titten, das Blitzlicht des Paparazzo erhellt die Szene. Sie schreit, ist außer sich, schluchzt.

Ich fahre aus dem Schlaf hoch. Falle beinahe aus dem Bett. Brauche vielleicht eine Minute, um zu verstehen, wo ich bin, noch eine, um zu verstehen, woher dieses Stöhnen kommt. Ich höre ihre Stimme: »Je-hetzt… je-hetzt.« Es ist, als würde er sie foltern, und in dem Fall muß Folter ihr größter Wunsch gewesen sein. Sie hat einen Orgasmus nach dem anderen. Es geht zehn Minuten so weiter, zwanzig Minuten, fünfundzwanzig Minuten, dreißig. Ich verfolge es auf dem Leuchtzifferblatt der IWC. ›Von wegen frigide‹, denke ich. So etwas habe ich noch nie gehört. Und ich habe sie mir an einem einzigen Abend von diesem Arschloch wegschnappen lassen. Schlechter habe ich mich noch nie gefühlt. Es ist mehr als eine bloße Enttäuschung der Gefühle. Es ist die weitere Bestätigung meines Versagens. Komplett. Total. Das ist das letzte, was ich denke, bevor ich in einen Abgrund der Verzweiflung stürze. Schließlich schlafe ich wieder ein.

Ich mache gerade die Tür zu, spüre, wie es sich in meinem Kopf dreht, wie mir die Beine zittern, als ich höre, daß sich die Tür nebenan öffnet. Ich bleibe auf dem Gang stehen. Will wirklich sehen, was für ein Gesicht sie jetzt macht.

Da ist dieser zerknitterte Blick, der einen Moment lang meinem begegnet. Dann wiegende Hüften in einem engen Glencheck-Kostüm, rotes Haar, das sie mit der Hand in meine Richtung wirft.

Ich fixiere das weiß-gelbe Vordach, flach und breit liegt es auf zwei grauen, dünnen Pfeilern, die Kante nur ein klein wenig intensiver gelb als das umliegende Land, die flirrende Luft über dem Zapfhahn im Tank, den Jungen, der die smaragdgrünen Scheiben meines Eldorado putzt, das beschlagene Glas, das ich zum Mund führe. Ich denke daran, wie ich sage: ›Aber wenn du nichts für mich empfindest, warum hast du mich dann so angesehen?‹, und sie, wie sie in ihrer Kaffeetasse rührt, ihren Blick hebt und mich mit einem sanften Lächeln anschaut, sagt: »Das hat nichts zu bedeuten. Es ist, weil… vielleicht weil ich kurzsichtig bin und keine Brille trage.« Ich weiß nicht, was geschieht, doch mit einem Mal fühle ich mich ganz leer. Fühle in mir erneut die lautere Reinheit meiner indischen Periode aufsteigen. Ohne zu wollen, denke ich an die hehren Wahrheiten, die sich Siddhartha Gautama Buddha nach sieben Wochen ruhigen Meditierens und Fastens unter dem Bodhi-Baum, dem »Sitz der Einsicht«, offenbart haben, nämlich daß im Leben alles *maya*, Illusion, ist und daß in der *maya*, dem Hunger nach irdischen Gütern, den sie weckt, nach Vergnügen, Erfolg, Geld, Frauen, die Ursache allen Schmerzes liegt. Leicht wie ein *bodhisattwa*, ein Erleuchteter, gehe ich zum Cadillac zurück, und während die Räder sich drehen und aus dem Radio kommt: »*Radio sud sud*, auf dieser Welle kannst du singen«, fühle ich mich vom Rad des *karma* so gut wie befreit.

Ich betrete meine Wohnung. Höre das Telefon klingeln. Bleibe ruhig, distanziert. Der Anrufbeantworter schaltet sich ein. Ich rühre mich nicht, als ich die krächzende Stimme Silvios aus dem Lautsprecher höre: er redet nicht mehr, wie er schreibt. Ich bleibe, wo ich bin, auch als ich ihn fragen höre, wo ich denn stecke, auch als er sagt, daß er mich seit zwei Tagen sucht, daß Castelli in Rom ist, daß er einen Vertrag für mich hat.

Er legt auf. Ich höre das vom Lautsprecher verstärkte Klicken seines Telefons, ohne einen Muskel zu bewegen. Bin wie ein Samurai, der mit dem Bogen einen perfekten Pfeilschuß abgegeben hat. Mein Sein ist vollkommen im Nichts. Doch dann spüre ich etwas, das sich in mir regt, mich aufwühlt, und ich verstehe noch nicht recht, was es ist, als ich mich aufs Telefon stürze, merke, daß ich schwitze, als ich Collis Nummer wähle und endlich seine Stimme antwortet, und da denke ich: das wird *maya* sein.

Conditor

Ich betrachte mich im Spiegel und komme mir in diesem Aufzug wirklich komisch vor. Versuche, die Rockschöße übereinanderzubringen, doch es hat keinen Sinn. Ich müßte etwas haben, um das Ganze zu befestigen. Es ist wirklich zu weit. Wenn ich es raffe, kräuselt sich der Hermelin um die Schultern. Ich klopfe ihn ein bißchen in Form, den Hermelin. Denke: ›Das ist höchstens Kaninchen‹, als Massa atemlos durch die Tür hinter meinem Rücken hereinstürzt und sagt: »Los, schnell, schnell, der Rektor ist schon auf dem Weg.« Massa ist so klein, daß sein Talar über den Boden schleift. Er kommt aus Padua. Sieht aus wie die Mischung aus einem Priester und der Zauberin Magò, mit dieser traurig-ergebenen Miene, seinem schulterlangen Kraushaar und seiner Knollennase. Ich schaue uns beide im Spiegel an: zwei Küchenschaben vor weiß gekachelten Wänden. Ich denke bei mir: ›Sieh an, so verunstalten muß man sich‹, während ich hinter Massa hergehe, er sich umdreht und sagt: »Schnell, schnell, es ist schon spät.« Ja, er wirkt genau wie einer dieser Priester, die ich aus meiner Zeit bei der *Azione cattolica* kenne.

Da ist dieses bebrillte Mädchen, das vorne am Pult steht und die lateinische Eröffnungsansprache vorliest. Sie hält sich am Mikrofon fest und hat die Augen auf ihr Blatt geheftet. Hinter ihr, um sie herum, sind wir, in Talaren mit Hermelinstola. Aus echtem Hermelin ist nur die des Rektors, das hat Massa mir bestätigt. Unsere sind aus Kaninchen. Das hat Massa mir auch bestätigt. Ich lache beinahe los, als ich sie betrachte, den Rektor betrachte und den Unterschied zu erkennen versuche. Ich muß mich zusammennehmen. Vor versammelter Mannschaft. An die sechzig Leute. Silvia Del Pra ist nicht lächerlich, sie nicht. Sie wirkt, als hätte sie nie etwas anderes getragen, seit sie auf der Welt ist. Darunter scheint sie nackt – stelle ich mir plötzlich vor, nachdem ich sie gestern abend im »Gardenia« gesehen habe, und in was für einem Zustand. So hatte ich sie noch nie erlebt in den drei Monaten, die ich sie kenne, die ich schon hier bin. Nach ein paar Gläsern war sie wie verwandelt. Sie hat mich noch nie so gefügig angeschaut. Nein, sogar verfügbar. Alles ist so seltsam hier, unwirklich, mit dieser Stimme aus dem Lautsprecher, die Endungen auf -orum, -arum deklamiert, was sich anhört – ja, es hört sich wirklich an, als wäre es ein erfundenes Latein, das an den Zuhörern abprallt, während uns die Kameramänner der Privatsender mit ihren Scheinwerfern blenden und ich mich zum ersten Mal in meinem Leben wie eine Art Filmschauspieler fühle, also jemand, der irgendwie wichtig ist. Ich schaue sie immer noch an. Begegne ihrem Blick. Sie erwidert den Blick, auch als der Rektor mit ihr spricht, hört erst auf, um einen Zettel zu lesen, den ihr eine der Hostessen reicht. Ich begegne Renzos Blick und denke, daß ich erst achtundzwanzig bin, der jüngste von allen. Ich sehe, wie sich sein rechtes Auge hinter den dicken, funkelnden Gläsern schließt, und habe seine heisere Stimme im Ohr, die *»Conditor«* zu mir sagt. Ich fühle, daß ich Renzo wirklich gern habe.

Er hat seine Morris Ultra Lights herausgeholt. Macht den Filter ab, steckt sie sich an. Ich habe mich schon immer gefragt, wieso er die raucht, wenn er dann den Filter abmacht. Ich stoppe die Zeichenmaschine, stütze den Ellbogen auf die schräge Platte des Zeichentischs, lese die Aufschrift *Oce*. Er stößt den Rauch aus. Sagt: »Es macht Umstände, aber es lohnt sich. Es ist eine dieser Neugründungen, du wirst sehen, das wird eine interessante Erfahrung. Und außerdem springen um die zwanzig Millionen dabei heraus, und so ein Jahr geht schnell vorbei, und du erwirbst dir Meriten. Außerdem, weißt du, ist unsere Schule dann vertreten, wir brauchen einen von uns da unten, für zwei, drei Jahre. Du verdienst dir deine Sporen, und wir rufen dich zurück in die Heimat, an unsere Universität. Einverstanden?«

Ich sage: »Danke, danke, Renzo.« Denke nur an Sandra, wie sie es aufnehmen wird. Ich sage: »Auf jeden Fall. Was glaubst du denn? Es ist mehr, als ich erwartet habe. Danke.«

Er atmet den Rauch ein, stößt ihn nach oben aus, gibt mir einen Klaps auf die Schulter, sagt: »Tüchtig, dann bist du unser *conditor*«, und lacht in sich hinein.

Ich lache ebenfalls, auch wenn ich wirklich nicht verstehe, was dieses *conditor* heißen soll. Doch ich lache, lache schnaufend und sage: »*Conditor*, ah ja, *conditor*.«

Sandra hat die Tasse zum Mund geführt, mich angeschaut und gesagt: »*Ab urbe condita*, erinnerst du dich nicht? Also *conditor*, Gründer, nicht schlecht...« Und mit einem Lächeln: »Na gut, *conditor*, du mußt ganz einfach annehmen.« Zärtlich fährt sie mit zwei Fingern über mein Gesicht. Lacht: »Gerade du, wo dir doch die Universität immer verhaßt war...«

Das stimmt. Ich weiß nicht, warum. Es gibt keinen Grund dafür, aber es stimmt. Ich erinnere mich noch an den ersten Tag. Der Himmel hing voller Wolken. Ich betrete also das Gebäude, und da ist diese niedrige Decke, die Wände voller blutrünstiger Sprüche. Mag sein, weil es so schlechtes Wetter war, jedenfalls fand ich es ziemlich beklemmend. Solche Sprüche hatte ich im Gymnasium auch an die Wände geschrieben, aber nur so aus Spaß. Ja, dieses eine Mal, als Streikposten an der Schule, da war ich auf den Direktor losgegangen, doch er hatte mich provoziert. Und ich hatte nur gehofft, daß uns jemand trennen würde – Checco tat es schließlich und schaute mich verwundert dabei an, ich machte wohl wirklich den Eindruck, daß ich es ernst meinte. An der Uni aber war es etwas anderes. Die Atmosphäre war bedrückend. ›Vielleicht, weil der Himmel immer voller Wolken hängt‹, sagte ich mir.

Eine Woche später stand die Sonne am Himmel. Teller flogen in hohem Bogen aus den Fenstern der Mensa und prallten auf die glänzenden Helme der Bereitschaftspolizisten, die davor standen. Der Rauch von Tränengas hing in der Luft. Nein, am bewolkten Himmel konnte es nicht liegen. Es ging um etwas anderes. Die hier machten wirklich Ernst, und ich verstand sie einfach nicht.

Zur Promotion bin ich dann allein gegangen. Ich schämte mich fast. Die anderen – die Tellerwerfer und Genossen –

haben Verwandte, Verlobte und Fotografen mitgebracht. Einer sogar einen Hund, einen kleinen schwarzen Mischling mit einem weißen Fleck auf der Brust und Ohren auf halbmast. Ich nicht. Ich bin wirklich allein hin.

Es war heiß. Renzo äußerte sich über meine Doktorarbeit, während ich mir den Vorsitzenden der Kommission in seinem Khaki-Anzug anschaute. Er saß in der Mitte, fett, mit Halbglatze, Schweißflecken unter den Achseln.

Renzo umarmte mich. Auch der Vorsitzende in Khaki umarmte mich. Ich höre eine Stimme, die sagt: »… cum laude.« Höre eine Stimme in mir, die sagt: ›Scheiß drauf.‹

Seither sind vier Jahre vergangen, und ich habe meine Doktorurkunde immer noch nicht abgeholt. Mein Vater fragt mich dauernd, warum. Ansonsten spricht er wenig. Seit meine Mutter den Unfall hatte, leben sie in ihrem Haus am Meer. Wir besuchen sie einmal in der Woche, Sandra, die Kinder und ich. Mein Vater schaut auf die Mutter, wie sie in ihrem Korbsessel dasitzt, die rot-blaue Decke über den Beinen, einen erloschenen Ausdruck im Gesicht. Er zieht ihr mit einer automatischen Geste die Decke hoch, blickt auf den blassen Streifen Meer in der Ferne, zwischen den illegal gebauten Villen hindurch, die sie ihnen vor die Nase gesetzt haben, und auf die Kinder, die ahnungslos im Garten toben.

Da war dieser Kreis, der sich rosafarben herausbildet, perfekt, reflektiert in dem kleinen schrägen Spiegel, auf Pulverbasis. Ich lese wieder und wieder die Gebrauchsanweisung auf der Packung mit der Aufschrift »Predictor«. Und es ist wirklich so, kein Zweifel möglich. Ich starre den

Kreis an, der immer deutlicher wird, und denke an das erste Mal, als ich die Anzeige im *Espresso* gesehen habe: »Predictor. Ein revolutionärer Schwangerschaftstest.« Damals war alles so revolutionär. Wir haben das Kind jedenfalls behalten.

Am Anfang war es hart. Ich hatte noch ein Jahr bis zur Promotion. Aber auch jetzt ist es hart. Wir haben ihn Filippo genannt, nach meinem Vater. Und ein Jahr danach, ich hatte gerade promoviert, ist Stefania gekommen, wir haben sie nach Sandras Mutter genannt. Und während ich Stefania anschaute, hinter der Glasscheibe der Klinik, und mein Vater und Sandras Eltern immer wieder sagten: »Sie sieht genau aus wie du«, »Sie ist dir wie aus dem Gesicht geschnitten«, ging mir durch den Kopf, daß es vorbei war, daß ich auch diesen Sommer in der Stadt bleiben und arbeiten müßte.

Ich mache »scht-scht« in Richtung Wecker. Es ist ein Braun Voice Control, und er gibt ein paar Minuten Ruhe, wie jeden Morgen. Wie jeden Morgen legt sich diese Angst auf mich, wird schwer wie ein Stein – ich weiß nicht, warum –, bis der Wecker wieder klingelt. Ich drücke auf den Knopf. Stehe auf.

Ich ziehe die Tür hinter mir zu: Sandra schläft noch. Im Spiegel sehe ich die Ringe unter meinen Augen. Ich frage mich, wann ich mich daran gewöhnen werde, früh aufzustehen. Seit Jahren tue ich das jetzt schon. Ich verteile den Rasierschaum in meinem Gesicht, setze mich aufs Klo, blättere in einem Wochenmagazin. Alles nach einem festen Ritual.

Als ich aus dem Bad komme, steht Filippo in einem seiner bunten Flecken-und-Streifen-Schlafanzüge von Naj Oleari da, schaut mich mit einem Löffelchen im Mund an, die Milch tropft ihm von den Lippen. Er sieht genau wie mein Vater aus, als wäre er sein Sohn. »Ciao, Papi«, sagt er zu mir.

Ich setze ihn am Eingang ab. Die Lehrerin ist eine mit zwei spitzen Brüsten. Sie nimmt ihn bei der Hand und lächelt mich an. Sagt zu mir: »Guten Morgen, Herr Doktor.« Sie sagt das mit einem verheißungsvollen Lächeln auf den Lippen, doch ich bin um diese Tageszeit zu verzweifelt, um etwas damit anzufangen. Und nachmittags geht Sandra hin, um ihn wieder abzuholen.

Gegen neun Uhr abends komme ich nach Hause, wenn es gutgeht. Ich arbeite manchmal zwölf, vierzehn Stunden am Tag. Sage mir immer, daß es zuviel ist, wenn ich es mir überlege. Doch ich lehne keine Aufträge ab. Wenn man als freier Architekt sein Geld zu verdienen versucht – von wegen »frei« –, ist das so: wenn man anfängt, Kunden wegzuschicken, kann man sicher sein, es bald zu bereuen. Das ist ein seltsamer Mechanismus, den man nicht versteht, wenn man nicht selbst drinsteckt, und das Unglaubliche ist, daß man gar nicht genug bekommen kann. So muß das mit Drogen funktionieren, mit harten Drogen, meine ich.

Wenn es abends noch später wird, bin ich so müde von der Arbeit und so fertig vom Rauchen, daß ich schon einschlafe, wenn ich nur den Hintern aufs Bett setze. In dem Moment sage ich mir, daß es so nicht weitergeht, daß ich mein Leben ändern muß.

Am nächsten Tag komme ich früher zurück. Filippo und Stefania sind noch wach und stürzen sich auf mich, wollen spielen, reden, Märchen erzählt bekommen – ich hasse Märchen –, und während ich anfange, ihnen welche zu erzählen – mir fallen immer nur blutrünstige Geschichten ein –, und in ihre Augen sehe, die mich fasziniert anschauen, ohne müde zu werden, bekomme ich Lust, eine zu rauchen – zu Hause geht das nicht, Sandra will es nicht, es ist schädlich für die Kinder –, und sage mir, daß ich alles in allem besser im Büro geblieben wäre.

Um diese Zeit bin ich dort allein, unter dem warmen Licht der Lampe, ich rauche, die Musik aus dem Radio wird sanfter, und es ist, als ob alles verschwindet, ich fühle mich ruhig und zufrieden; es ist, als hätte ich den Gedanken, mein Leben zu ändern, nie gedacht.

Ich schaue zum Fenster hinaus, während ich telefoniere. Schaue auf die Bäume, die wie Pudel geschoren sind. Beobachte einen Typ, der sich dünn macht, um sich zwischen zwei Autos durchzuquetschen. Ich höre Renzos Stimme am andern Ende *ab urbe condita* sprechen. Er sagt mir, daß ich meine Stunden auf Mittwoch und Donnerstag oder auf Donnerstag und Freitag legen kann. Das muß ich entscheiden. Ich glaube, daß Donnerstag und Freitag für mein Büro besser passen würden. Nur daß ich dann erst am Samstagnachmittag nach Hause komme.

Ich denke noch darüber nach. Mache die Tür auf. Sonnenstrahlen dringen durch die Jalousie. Nur eine Stimme aus dem Fernseher ist zu hören. Das muß *Check-up* sein, sage ich mir, es ist doch Samstag. Der Tisch ist für zwei gedeckt, mit dem grünen Tischtuch, das mir aus irgendwelchen Gründen nie gefallen hat. Sandra sitzt vor einer Schüssel mit Reissalat. Macht sich beim Fernsehen Notizen auf einen Block.

Sie sagt: »Die Kinder schlafen«, als ich sie küsse. Schaut auf den Bildschirm. Sie studiert Medizin, noch immer. Sie hat eine Menge zu tun, mit zwei Kindern. Man kann gar nicht genug Geduld mit ihr haben. Einmal, das kann ja passieren. Aber zweimal. Noch dazu, wo sie Medizin studiert. Na ja, ich hätte auch ein bißchen besser aufpassen können. Sie aber auch. *Check-up* jeden Samstag zu sehen, halte ich schlicht nicht aus. Es ist der einzige Tag in der Woche, an dem wir zusammen zu Mittag essen, und da muß ich die ekelhaftesten Krankheiten der Menschheit über mich ergehen lassen. Kacke.

Während ich mir die Hände wasche, höre ich eine Stimme über grauenhafte Leiden, Exsudate, eitrige Wunden reden, während eine andere nach Heilungschancen fragt. ›Hoffnungsloser Fall‹, denke ich mir.

Als ich zurückkomme, ist auf dem Bildschirm ein Operationssaal zu sehen. Gesichter mit Schutzmasken. Die Lampe mit den runden Scheinwerfern über dem Operationstisch strahlt ein kaltes Licht aus. In der Hand des Chirurgen blitzt ein Seziermesser auf, darunter klafft eine blutige Wunde. Behandschuhte Hände legen sich auf das grüne Tuch, das den Patienten bedeckt. Grün wie unsere Tischdecke. Sandra reißt die Augen auf, schreibt und ißt dabei. Ich wende den Blick ab, sehe auf den Reissalat. Da sind Erbsen im Reissalat, grün wie die Tischdecke, grün wie das Tuch, unter dem der Patient im Fernsehen liegt, und ich sage mir: ›In Ordnung, Donnerstag und Freitag.‹

Ich lasse mich aufs Bett fallen, suche einen dieser Sender, die pausenlos Musik spielen, ohne daß irgendeiner dazwischenredet. Höchstens, daß ab und zu Werbung kommt. Ich stelle das Radio leise, blättere ein bißchen in einer Illustrierten, lese in einem Buch, werde langsam schläfrig. Ich schließe die Augen, vergrabe den Kopf im Kissen. Nur wenig Licht dringt ins Zimmer. Ich denke an die spitzen Brüste von Filippos Lehrerin, an ihre Lippen und an ihr Lächeln, an die Art, wie sie mich anschaut. Es ist alles so einfach. Die Worte sprudeln von ganz allein aus mir heraus. Sie sieht mich mit ihren großen Augen an. Ich berühre mit den Fingerspitzen sanft ihre spitzen Brüste. Sie versteht mich. Sie liebt mich. Sie will sonst nichts. Auch ich liebe sie. Mein Herz ist leicht, als ich in ihre Augen schaue, und diese Musik wiegt mich... wiegt mich? Das Bett bewegt sich irgendwie. Ich schlage die Augen auf. Es ist, als schaute mich mein Vater an, und ich höre diese Stimme, die sagt: »Papi, guckst du mit mir Zeichentrickfilme im Fernsehen?«

Wie bin ich bloß hier gelandet?

Sandra saß auf der Terrasse. Ich sehe ihren gelangweilten Gesichtsausdruck von der Seite. Ihr Haar ist lang, und der hautenge Rock umschließt ihre Schenkel. Sie sind kompakt, muskulös. ›Wahrscheinlich vom Joggen‹, denke ich mir. Sie lächelt mit schmalen, kaum geöffneten Lippen. Doch es ist nicht das Lächeln, auf das ich schaue. Es ist dieser Rock, in den sie sich gezwängt hat. Ich stelle mir vor, wie sie es treibt, wie sie ihn fest zwischen ihre Schenkel preßt. Sie unterhält sich mit zwei Mädchen, die neben ihr sitzen. Hört mehr zu, als daß sie redet. Beugt sich vor, dem Feuer entgegen, das Andrea ihr gibt, atmet den Rauch ein, bemerkt meinen Blick auf ihren Rock. Beobachtet mich weiter aus den Augenwinkeln.

Ich gebe mich gleichgültig, obwohl mir die Knie zittern und ich einen trockenen Mund habe. Andrea fordert sie zum Tanzen auf. Es ist eines dieser Feste, auf denen noch getanzt wird, oder wieder getanzt wird, ich weiß es nicht. Eine Geburtstagsfeier. Und auch das letzte Fest im Gymnasium. Bald beginnen die Prüfungen, und dann ist es zu Ende. Jeder geht seinen eigenen Weg. Bei diesem Gedanken werde ich traurig. Jetzt sehe ich sie wenigstens noch jeden Tag. Warte darauf, daß sie in die Klasse kommt. Denke: ›Heute ist sie wirklich bildschön‹, wenn sie etwas trägt, das ihr steht, wenn sie gut frisiert ist, wenn sie mich anschaut und mir zulächelt. Oder: ›Also, was Besonderes ist sie nicht‹, wenn sie Hosen anhat, sich die Haare zusammenbindet, mir nicht zuhört, wenn ich rede.

Sie hat sich an Andrea gehängt, er drückt sie fest an sich. Sie wirft den Kopf zurück. Lacht, während ich fast sterbe. Schmiegt ihre Wange an seine rechte Schulter, ich hasse sie. Doch jetzt scheint mir… sie sieht wieder in meine Richtung. Schaut mich auf ihre besondere Art an. Feuer in meinem Bauch. Ich denke an den Whisky, den ich in mich hineingegossen habe, doch es brennt zu arg, um nur daran zu liegen. Ich denke an den ersten Tag im Gymnasium, wie ich hereinkomme, als schon alle in der Klasse sind, und sie von hinten sehe.

Ich komme aus einem Ort in der Nähe – deshalb bin ich so spät dran –, aus einer Dorfschule. Eine gemischte Klasse gibt es dort nur einmal, und die ist nicht meine Altersstufe. Mein Vater meint: »Geld haben wir keins, und du kannst doch ganz gut rechnen, dann wirst du am besten Buchhalter oder Vermessungstechniker oder so etwas.«

Ich bin einverstanden. Doch dann rede ich mit einem, der zum Gymnasium geht, und der erzählt mir von den Mädchen, die es dort gibt, und da...

Ich komme also ein bißchen zu spät. Betrete die Klasse kurz nach dem Lehrer. Alle stehen.

Sie trägt einen fein gerippten braunen Kordanzug im Jeanslook. Die Haare fallen ihr lose auf die Jacke herab, und ich bin schon in sie verknallt, bevor sie sich umdreht. Doch sie ist in festen Händen. Er, Andrea, ist ein Schönling, raucht Muratti, trägt schwarze Mokassins, weiße Socken und fährt mit einem Spider herum, sein Vater ist Alfa-Händler.

Fünf Jahre ist das nun her, und nichts hat sich getan. Daran denke ich, während ich sie ansehe, und auch sie sieht mich an, und ich habe das sichere Gefühl, daß sich etwas tun könnte. Das habe ich seit fünf Jahren.

Checco, mein Freund – einen Freund hat man immer in solchen Situationen, auch wenn Checco weniger ein Freund als ein Weggenosse ist –, kommt auf mich zu. Er wirft einen Blick auf Sandra. Schaut genau in dem Augenblick in ihre Richtung, als unsere Blicke sich erneut begegnen. Er sagt: »Vergiß die.«

Sie und ich, wir schauen uns immer noch in die Augen. Es dauert noch einen Augenblick. Dann drehe ich mich um, mit einem Kopf, in dem sich alles dreht, und frage: »Warum, was stimmt mit ihr nicht?«

Er steckt sich eine von seinen stinkenden Maispapier-Gauloises an, sagt: »Sie kommt aus der Bourgeoisie, und ihr gefallen Bürgersöhnchen... dieses Arschloch, ich weiß nicht, wie sie den erträgt, puah.« Dann schaut er sich angeekelt um, stößt durch die Nase dichten Rauch aus, sagt: »Sieh dir doch all diese Fuzzis an, wo leben die denn?« Er spielt offensichtlich auf die Arbeiterkämpfe, die Studentenbewegung, die süditalienische Frage an. »Was wollen wir hier bloß? Ich habe dir gesagt, daß es Scheiße ist. Komm, wir hauen ab, ich halte es nicht mehr aus.«

Und in diesem Moment, einem vielleicht banalen Moment, entscheidet sich mein Leben.

Andrea schaut Sandra an, sagt: »Ich hole mit den anderen Pizza. Kommst du mit?«

Sie sieht wieder zu mir. Ihre großen, vielleicht etwas sehr großen Augen lassen meine Augen nicht los. Sie sagt: »Nein, finde ich langweilig. Ich warte hier auf dich.«

Ohne ihn anzusehen, sage ich zu Checco: »Ich bleibe noch ein bißchen.«

Checco meint angewidert: »Du bist wirklich bescheuert. Wiedersehen.«

Es passiert alles so überraschend. Das, worauf ich fünf Jahre gewartet habe.

Sie geht hinaus auf die Terrasse.

Auch ich gehe hinaus auf die Terrasse.

Der Himmel ist voller Sternschnuppen, da sind die Schatten der Häuser vor dem Blau der Nacht, da ist die Glut ihrer Zigarette hinter einem riesigen Ficus.

Ich sehe Andrea aus seinem roten Duetto aussteigen, zwei fettige Pizzaschachteln in der Hand.

Er schaut hoch.

Da ist diese Szene, wie Sandra und ich eng umschlungen am Geländer stehen. Da sind ihre kompakten, muskulösen Schenkel, die sie an mich drückt, und da ist Andrea, der die Pizzas auf den Asphalt fallen läßt, die Wagentür zuschlägt. Man hört das Dröhnen seines 68er Duetto mit langem Heck. Ferner, immer ferner.

Nach einem Jahr heiraten Sandra und ich. Checcos Bild ist mittlerweile in den Zeitungen. Er ist ein berühmter Terrorist geworden. Mir geht durch den Kopf, daß auch ich das sein könnte, auf diesen Fotos. Fast beneide ich ihn.

Heute schreibt er mir jeden Monat aus dem Gefängnis, sagt mir, daß alles dummes Zeug gewesen ist, daß er eine Familie gründen möchte, Kinder haben will wie ich, und ich weiß wirklich nicht, was ich ihm antworten soll.

Den Hörsaal betrete ich mit klopfendem Herzen. Will schon auf die Bänke zugehen. Bleibe stehen. Wechsle die Richtung. Stelle meine Tasche auf das Pult. Sage: »Guten Tag«, schaue sie an. Es ist noch nicht lange her, daß ich auf der anderen Seite gesessen habe, und doch scheinen mir die, die mich da ansehen und anlächeln, anders als wir damals waren. Vielleicht, weil sie anders gekleidet sind, die Haare anders geschnitten haben. Die vorne machen außerdem so ernste Gesichter. Ich fühle, daß mich die gleiche Beklemmung erfaßt wie an meinem ersten Tag an der Uni. Bin drauf und dran, mich zu fragen, was ich hier tue, aber zum Glück sehe ich sie. Sie sitzt in der dritten Reihe. Doch ich will sie nicht anschauen. Streife sie nur mit einem Blick. Das ist zuviel, viel mehr, als ich mir erträumen konnte. Mit einem Mal fühle ich mich voller Enthusiasmus, erscheint mir alles in einem anderen Licht, vielversprechend, aussichtsreich. Während ich das denke, komme ich mir wie ein Idiot vor. Fühle mich alt, finde mich sentimental. Ich habe ein Jackett an, das unter den Armen kneift, ein Hemd, das über dem Bauch spannt, und sie ist so jung, so hübsch. Hübsch? Jedesmal, wenn mein Blick sie streift, bleibt mir fast die Luft weg. Hinten stoßen sie sich mit den Ellbogen an und lachen. Ich tu so, als ob nichts wäre. Habe damit angefangen, mich vorzustellen. Ich sage, daß ich hoffe, wir kommen gut miteinander aus, daß ich vor ein paar Jahren selbst noch Student gewesen bin und jetzt hier stehe, wo ich stehe. Phrasen, aber irgend etwas muß ich sagen. Die hinten lachen weiter. Die hinten sind immer die gleichen. Doch sie in der dritten Reihe hat den Kopf geneigt und schaut mich an, lächelt mir zu. Sie scheint groß zu sein. Ihre Haut ist glatt und gebräunt, sie hat schwarze Haare mit einem Pony, hinten zusammengebunden, lange, pechschwarze Wimpern, wirkt zart und zerbrechlich. Und diese blauen Augen. Während ich rede und sie ansehe, scheint mir nach einer Weile, daß es nur sie gibt, daß alle anderen an den unscharfen Rand einer Linse gerückt sind. Ich sage mir, es ist zuviel, wirklich. Plötzlich höre ich mich von ferne, sehe mich hinter der Scheibe, zwischen den Bäumen, die sich sanft im Wind wiegen. Ich höre meine Stimme, die sich im Raum verliert.

Als wir hinausgehen, tritt einer aus den hinteren Bänken auf sie zu, sagt: »Lara…« In meinem Kopf hallt es wider: »Lara, Lara.« Und ich denke, daß sie nur Lara heißen konnte, und fühle mich wie ein Trottel, als ich das denke.

Ich gehe auf den Hof hinaus und sehe sie auf einer dunkelblauen Vespa sitzen, hinter einem jungen Typ, der in meine Richtung schaut, einen Gang einlegt, losfährt, den im Sonnenlicht glänzenden Asphalt hinter sich läßt. Ich bleibe stehen, sehe ihnen nach. Meine Hosen sind zu lang und zu weit, vorne werfen sie eine komische Falte, ich trage matte Lederschuhe mit Kappe und dieses Hemd mit dem steifen Kragen, das mich kneift. Fühle mich wie ein Geldschein, den man aus dem Verkehr gezogen hat. Da ruft mich Sergio, fragt: »Na, alles gut gegangen?«

Ich sage: »Alles gut gegangen«, zünde mir eine Zigarette an, die Tasche unter den Arm geklemmt. Es ist eine dieser Taschen aus rötlichbraunem Leder mit vergoldetem Verschluß. Furchtbar.

Ich werfe die mit grünem Atlas gefütterten Ärmel zurück und applaudiere. Alle applaudieren. Der Rektor erhebt sich von seinem Stuhl, gibt den in seiner Nähe Sitzenden die Hand. Massa sagt zu mir: »Laß uns hingehen.«

Er hat einen festen Händedruck. Ich gratuliere: »Meine Glückwünsche, Magnifizenz.«

Er schenkt mir nur einen kurzen Blick, lächelt mich an, gibt Massa die Hand, lächelt ihn an, gibt dem nächsten die Hand. Ich stehe vor der Del Pra. Sie ist eisig. Bringt mich mit ihren kalten Augen zum Frösteln. Sie ist so anders als gestern abend. Nur in ihrer Stimme schwingt etwas mit, als sie zu mir sagt: »Eine hervorragende Rede.« Ich will ihr gerade antworten, da hat sie sich schon umgedreht, spricht mit einer Hosteß, mit ein paar Dozenten, geht hinter dem Rektor her. Sie ist immer so aktiv.

Massa sagt zu mir: »Im weißen Saal gibt es einen Cocktail.«

Wir haben gemeinsam ein Zimmer genommen. Eine Nacht in der Woche teilen wir es uns. Auf seine Art ist er irgendwie sympathisch. Er sagt mir immer, was ich tun muß, was ich nicht tun darf. Wir wohnen im Hotel Paradiso. Es liegt außerhalb der Stadt. Von unserem Zimmer aus sehen wir auf bewaldete Berge. Das Zimmer hat einen blauen Teppichboden, Fernseher und Radio. Eine begehrte Unterkunft, sehr viel besser als die Pensionen oder Hotels in der Stadt. Und Massa fährt Donnerstag früh wieder weg, und dann habe ich das Zimmer ganz für mich allein. Man braucht nur ein Auto.

Im weißen Saal sind wir unter den ersten. Die Hostessen am Eingang lächeln uns zu. Wir gehen zum Buffet. Da stehen geometrisch angeordnete Schalen, die mit trüben, pastellfarbenen Mixgetränken gefüllt sind. Wir nehmen uns etwas zu trinken und sehen uns an, wer hereinkommt.

Sergio, Kurt und Inge, Dolores Maya, ein paar picklige Studenten treten ein. Sie sehen mich, lächeln mich an, kommen auf uns zu. Ich lächle zurück und denke: ›Na, sieh mal an.‹

Es ist seltsam, zwei Frauen gleichzeitig gegenüberzustehen, die man intim kennt – »intim«, was für ein Wort. Jedenfalls passiert es mir zum erstenmal. Mir ist, als wären sie nackt, wie ich sie so betrachte. Ganz automatisch vergleiche ich ihre Körper, vergleiche, wie sie beim Orgasmus sind, wie sich ihre Stimmen verändern, ihre Blicke. Doch dann sehe ich Lara mit ihrem Freund hereinkommen, und mein Herz schlägt höher. ›Ich muß einen Knall haben‹, sage ich zu mir selbst, ›wegen eines jungen Mädchens‹, doch mein Herz pocht unvermindert.

Auch Sergio sieht sie. Er hört auf zu sprechen, gibt ihr ein Zeichen, doch näher zu kommen.

Sergio stammt ebenfalls aus dem Norden, doch er pendelt nicht, sondern ist hierhergezogen. Er ist einer, der weiß, wo's langgeht, er kennt alle, ist ein umtriebiger Mensch. Als ich in der zweiten Woche hergekommen bin, fühlte ich mich schon zu Hause. Das verdanke ich ihm. Bevor ich wieder zurückfahre, gehen wir mit ein paar Leuten zum Abendessen. Kurt und seine Frau Inge sind dabei.

»Kurt«, flüstert Sergio mir ins Ohr, »ist ein tumber Typ aus Tübingen.« Ich lache, obwohl er eigentlich Mitleid verdient. Inge schaut mich an und lacht ebenfalls, sagt: »Heinrich.«

Ich sage: »Enrico.«

Sie sagt: »Ein-ricoh«, und faßt mich am Handgelenk. Sie hat knochige, kräftige Finger. Ich spüre einen Schenkel, der sich an mich preßt. Schaue Kurt an, der mir zulächelt. Denke: ›Der Typ aus Tübingen ist wirklich tumb‹, auch wenn ich eigentlich nicht zu beneiden bin, doch ich bin sturzbetrunken. Inges Beine schlingen sich um die meinen. Ich sehe, wie sie mich schmachtend ansieht, ihr Kinn auf den Handrücken gestützt, während Sergio sagt: »Bring beim nächstenmal deinen Tennisschläger mit, dann spielen wir ein Doppel mit Kurt und Inge.«

Ich fühle Inges Hand langsam über meinen Arm gleiten und sage ja, den Tennisschläger bringe ich mit.

»Sandra, wo ist der Tennisschläger?«

Sie blickt von einem ihrer Bücher hoch, vom Foto eines armen Kerls mit einem Gesicht, das nur noch ein eitriger Klumpen ist. Sie schaut mich von der Seite an, sagt: »Ich glaube, auf dem Dachboden.« Sie unterstreicht mit einem violetten Filzstift eine Zeile, fragt zerstreut, mit tonloser Stimme: »Willst du jetzt Sport treiben?«

»Nein, Sergio hat mich nur gefragt, ob wir einmal zusammen spielen«, antworte ich leise.

Ich steige auf den Dachboden hinauf. Brauche zehn Minuten, doch schließlich finde ich den Schläger und meinen Tennisdreß in einer Tasche.

Ich probiere ihn vor dem Spiegel an. Stefania sieht mir von der Tür aus zu. Ich habe ihn vielleicht ein paarmal getragen, vor meiner Hochzeit. Nein, das geht wirklich nicht. Ich überlege, wie viele Kilo ich wohl zugelegt habe. Ich ziehe mich wieder an. Nehme den Koffer. Nehme Stefania auf den Arm. Gehe ins Wohnzimmer. Ich setze sie im Laufstall ab, auf einen Haufen bunten Plastikspielzeug, gebe Sandra einen Kuß auf die Stirn.

Sie unterstreicht die Bildunterschrift zu einer Abbildung gangränöser Beine.

Ich sage: »Ich gehe.«

Sie hält den violetten Stift an den Mund, sagt: »Ruf heute abend an«, ohne von ihrem Buch hochzublicken.

Ich denke: ›Sie sieht mich nicht einmal mehr an.‹ Denke daran, wie es war, als ich mich selbst aufs Examen vorbereitet habe. Was für eine Rumpelkammer meine Bude war. Daß ich nur rauskam, um aufs Klo oder zum Essen zu gehen. Sage mir: ›Das ist letzten Endes normal.‹ Sage mir: ›Scheiße, habe ich gebüffelt‹, und fühle mich plötzlich so gut, daß ich einen Luftsprung machen könnte.

Ich lasse das Auto in der dritten Reihe stehen. Wähle aus den Kombinationen, die die Verkäuferin mir zeigt, eine von Valentino aus, weiß, mit einem himmelblauen und einem gelben Streifen am Kragen des Polohemds, seitlich auf den Shorts, am Sockenrand. Wirklich schön. Meine Tennisschuhe behalte ich. Es sind Arthur Ashe Lecoq-sportif, solche gibt es heute nicht mehr.

Ich schlage die Augen auf und denke an sie. Nein, ich habe sie noch nicht einmal geöffnet und denke schon an sie. An Lara, die aus der dritten Reihe. Die mit Augen so blau, wie ich noch nie welche gesehen habe. Wenn ich sie sehe, habe ich das Gefühl, wieder aufs Gymnasium zu gehen.

Nicht, daß mir das Gymnasium besonders gefallen hätte. Es ist nur so, daß ich damals immer verliebt war, und nach dem Winter kam der Sommer, und da waren Freunde, mit denen man zusammensein konnte, ohne irgend etwas zu tun. Einfach zusammensein, ohne irgend etwas zu tun, und sich trotzdem gut fühlen. Sie, Lara meine ich, ist wie eines dieser Lieder, die einen in eine andere Zeit zurückversetzen. Doch darf man so etwas denken, nüchtern, kurz nach dem Aufwachen? Es mag ja wirklich bescheuert sein, aber wie lange ist es schon her, daß ich solche Gefühle hatte?

Ich schaue auf die Uhr. Es ist zehn. ›Vielleicht, weil ich

erst spät aufstehe‹, denke ich. Um elf Uhr habe ich Unterricht. Es ist einfach so, daß ich mich endlich ruhig fühle, sogar zufrieden: als sollte mir wer weiß was geschehen.

Ich gehe zum Frühstück hinunter. Begegne diesen beiden, die auch im Hotel wohnen. Sie schauen mich an. Wir wissen nicht, ob wir uns grüßen sollen oder nicht. Die eine ist klein, hat rotes Haar und Sommersprossen, die andere etwas größer, schneeweiß im Gesicht, Augen und Haar pechschwarz. Ich treffe sie immer in der Universität. Ich denke noch darüber nach, als ich höre, daß Sergio mich ruft.

Er sagt: »Na, machst du dir ein schönes Leben?« Und: »Hast du deinen Tennisschläger mitgebracht? Morgen spielen wir.«

Ein roter Holzbau, der aussieht wie ein umgedrehter Schiffsrumpf. Von drinnen hat man durch eines der Glasfenster einen Blick auf die bläulich schimmernde Stadt.

Wir sind zu viert. Kurt und Inge auf einer Seite. Sergio und ich auf der anderen. Wir spielen eine Stunde lang. Dann schüttelt Inge den Kopf, sagt, daß sie genug hat, und verläßt das Spielfeld.

Sie trägt einen Tennisdreß in einem verschossenen Blau, ihre Schuhe haben eine undefinierbare Farbe, ihre Beine sind weiß, aber wohlgeformt. Den Schläger hat sie sich im Gehen gegen die Stirn gelehnt. Als sie an mir vorbeikommt, schaut sie mich durch die Bespannung ihres Tennisschlägers an. Ein eindringlicher Blick durch die Kästchen. Sie klopft mit der Hand gegen das Geflecht. Schaut auf ihre Schuhspitzen.

Nun legt Kurt erst richtig los. Sergio ebenfalls. Nach zehn Minuten habe ich das Gefühl, es wird mir zuviel, habe das Gefühl, ich bin erledigt, habe das Gefühl, daß vielleicht... ich schüttele den Kopf.

Sie sagen: »Ach komm, bleib noch ein bißchen.«

»Danke, aber ich habe gleich Unterricht, und außerdem bin ich wirklich fertig«, sage ich. Ich lege den Schläger über die Schulter. Gehe vom Spielfeld. Höre, wie die Ballwechsel hinter mir schneller und härter werden. Höre Kurt und Sergio lachen.

Ich gehe zu den Umkleideräumen.

Die Tür gegenüber dem Umkleideraum für Männer steht einen Spalt weit offen. Ich lege die Hand auf die Klinke und werfe einen Blick hinein. Inge sitzt auf einer Fichtenholzbank. Sie ist nackt und hat eine Dose mit Talkpuder in der Hand. Im Gegenlicht wirkt sie fast durchscheinend. Sie hört auf, sich einzupudern, und schaut mich an. Stellt die Dose links neben sich. Ihre Haare sind naß vom Duschen. Von draußen kommt das gedämpfte Plop der Bälle. Da ist ein Sonnenstrahl, der genau auf sie fällt. Ich schaue ihr in die Augen. Auch sie schaut mir in die Augen. Sie hebt ihr Kinn, langsam. Ihre Brüste zeigen nach vorn, ich denke an die spitzen Titten von Filippos Lehrerin. Sie öffnet die Lippen. Seufzt nur: »Enriico.«

Sie kniet auf der Bank. Und während ich es ihr von hinten besorge, halte ich ihre vom Talkpuder glatten Hüften fest gepackt, sehe auf ihren leichenblassen Rücken, höre ihre Stimme, die »jahh, jahh« sagt, und von ferne die sich vermischenden Stimmen von Sergio und Kurt, das Plop des Balls auf den Schlägern, auf dem gestampften Boden des Spielfelds.

Ich betrete den Hörsaal. Sie sitzt auf ihrem gewohnten Platz. Lächelt mich an, schlägt das Buch auf, dann das Heft, in das sie alles schreibt, was ich sage. ›Ich will dich nehmen, ich will dich haben, nimm mich zum Mann‹, und sie, die schreibt, die aufhört zu schreiben, die mit dem Kopf nickt.

Ich gehe zur Tafel und beginne mit dem Unterricht. Während ich spreche, merke ich, daß ich an etwas ganz anderes denke. Merke, daß ich immer in ihre Richtung sehe. Denke, daß ich achtgeben muß. Und weiß nicht mehr, was sagen. Ich nehme mir Zeit. Putze die Tafel. Gehe zum Pult. Da ist dieser penetrante Geruch nach Pickeln und Pickelcreme. Ich versuche, mich auf einen Gedanken zu konzentrieren, von einem der Sätze auszugehen, die ich mir bei der Vorbereitung der Stunde eingeprägt habe. Ich setze neu an.

Jetzt geht es weiter, ohne daß ich stocke. Ich schaue die Studenten an. Die mit den öligen Haaren, den karierten Jacketts, den Hemden mit steifem Kragen, den Pullis in elend blassen Farben. Die mit ausgefallenen Frisuren, englisch bedruckten T-Shirts und Sweatshirts, kurzen Hosen, weißen Socken und klobigen Schuhen. Ich habe gelernt, diese beiden Gruppen zu unterscheiden. Vielleicht wird sich mit der Zeit herausstellen, daß es noch mehr gibt. Mädchen sind nur wenige dabei, natürlich sind manche hübsch, doch sie hat das gewisse Etwas. Kurz und gut, ich bin fällig und wieder kurz davor, mich zu verhaspeln.

Schaue auf die Uhr. Die Stunde ist vorbei. *Schon.* Also sage ich: »Für heute ist das alles. Noch Fragen?« Eins von diesen Arschlöchern aus der ersten Reihe steht auf und stellt mir tatsächlich eine Frage. Ich sehe ihn mit einem vernichtenden Blick an. Sage zu ihm: »Das kommt später, das kommt später.« Denke: ›Du kannst mich mal.‹

Die Lampen hängen knapp unter der Decke, die Wände sind weiß gekalkt. Aus der Küche hört man den Fernseher. Renzo geht voran. Ein dralles Mädchen kommt auf uns zu, begrüßt ihn mit »Guten Abend, Herr Professor«, gibt uns einen Tisch nahe am Fenster. Am Nebentisch sitzen ein weiteres Dutzend Dozenten, die sich vollstopfen, sich unterhalten, uns begrüßen, als wir uns setzen. Da ist die Del Pra, die mit Modugno diskutiert. Sie hebt kaum den Blick, schaut Renzo kaum an, als er sie anspricht. Renzo kommt zurück und sagt: »Wir gehen nachher zusammen mit ihnen noch etwas trinken.« Er zeigt mit dem Kinn zu dem anderen Tisch hinüber.

Sergio lächelt und sagt in Richtung der Del Pra: »Es gibt da ein nettes kleines Lokal.« Dann fragt er, wie die Forelle in Weißwein ist. »Also dann, Forelle in Weißwein«, sagt er zu dem drallen Mädchen, das die Bestellungen aufnimmt. Er rückt näher an mich heran. Schaut in Richtung der Del Pra. Flüstert mir zu: »Unter dieser rauhen Schale… ist sie ganz bestimmt eine, die rangeht.«

»Das Gefühl habe ich auch«, sage ich. Ich würde gerne etwas Brillanteres sagen, doch mir fällt nichts ein. Und während ich noch überlege, redet schon wieder ein anderer.

Wir ziehen über das Städtchen her, über die Leute, die hier leben. Ich für meinen Teil habe mich noch nie so wohl gefühlt wie hier, doch ich mache mit. Es dient dazu, die Gruppe zusammenzuschweißen. Wir sind wie Soldaten, die ihren Wehrdienst irgendwo ableisten, Handlungsreisende unterwegs, und außerdem ist der Ort einfach, wie er ist.

Wir hören nur auf, wenn die dralle Bedienung mit dem Essen kommt.

Bei der Rechnung dann die übliche Überraschung, die üblichen Ausrufe: »Also bei uns gibt's dafür nicht einmal die Vorspeise.«

Insgesamt sind wir in der richtigen Stimmung, den Abend angenehm ausklingen zu lassen. Vorher jedoch kommt noch das traurige Ritual der Anrufe bei den Ehefrauen, oder auch Ehemännern. Einer nach dem anderen steht auf und geht zum Telefon.

Sandra stellt mir die übliche Frage: »Wie geht's?«

Ich spüre ein lastendes Schweigen am anderen Ende. Denke an uns beide vor dem Fernseher, an die Maurizio-Costanzo-Show, an die Kinder, die im Zimmer nebenan schlafen, die Zahnseide nachher, an mich, wie ich Inge bumse, frage: »Und dir?«

Sie sagt: »Die Kinder schlafen.«

Ich lege auf. Stoße einen Seufzer aus.

Wir gehen hinter Sergio hinein. Es ist voll. Alle Welt ist hier versammelt. Er läßt ein paar Tische zusammenstellen. Da sind Fernseher, auf denen Werbespots laufen, aus Lautsprechern kommt leise Musik. Ein unaufhörliches Kommen und Gehen. Ich bin ganz aufgedreht. Überlege, wann ich das letztemal mit Sandra an einem solchen Ort war, und kann mich wirklich nicht erinnern. ›Was für ein Scheißleben‹, sage ich mir. Und genau da sehe ich sie hereinkommen: Lara.

Sie ist mit ihrem Typ da. Er ist elegant, hat einen Bürstenschnitt, Jackett, Hemd und Krawatte, korrekt. Sie grüßt mich nur flüchtig. Ich würde sagen: schaut mich nicht einmal an. Ich stürze den Rest aus meinem Glas hinunter, gehe aufs Klo. Lese *Coveri* auf den Kacheln, besehe mir meine Jacke, mein Hemd, meine Krawatte. Besehe mir meine Frisur und denke mir: ›Nein, wirklich nicht das Wahre.‹ Um diese Zeit bin ich normalerweise im Büro oder vor dem Fernseher. Als Yuppie bin ich ein Versager. Ich bin einer von denen, die nur arbeiten.

Ich grüble darüber nach, daß es mir reicht, daß es so nicht weitergeht, als ich merke, daß Sergio mit jemandem spricht: er trägt ein braunes Jackett, ist dick und hat ein sympathisches Gesicht. Sergio sagt zu mir: »Enrico, das ist Paolo Ricciulli.«

Ich sage: »Freut mich.«

Er lächelt mich an, sagt: »Ciao, wie geht's«, setzt sich an unseren Tisch, sagt zu Sergio: »Trinken wir was?«

Ich schaue in Laras Richtung. Entdecke sie hinter dem Kopf von irgendeinem Typ. Sehe ihr Profil gegen das Licht, beobachte, wie sie eine Zigarette anzündet, die Haare hinters Ohr streicht, die Hände bewegt, während sie spricht.

Das dünne, große, blasse Mädchen, das hier bedient, bringt uns eine Flasche, Gläser mit Wasser, leere Gläser. Paolo Ricciulli schenkt allen ein. Sagt: »Es ist ein dunkler

Whisky, man mag ihn oder mag ihn nicht, ein Mittelding gibt es nicht. Ein Schluck davon und ein Schluck Wasser. Das ist wunderbar.«

Die anderen am Tisch schauen ihn belustigt, pikiert, gleichgültig an, doch dann bleiben alle und saufen wie die Wahnsinnigen, und Ricciulli redet und lacht unaufhörlich. Die Del Pra ist wohl schon beim dritten Glas, als ich ihrem Blick begegne, und sie scheint mir wie verwandelt. Sie steht auf und verschwindet hinter der Tür zum Klo. Als sie zurückkommt, hat sich jemand auf ihren Platz gesetzt, und sie setzt sich neben mich. Neben mich.

Ihr Schenkel schmiegt sich an meinen. Ich spüre ihre zarte Haut durch den Stoff des Rocks. Sie nimmt eine Zigarette und bittet mich um Feuer.

Massa hängt sich an mich. Wirft einen Blick in die Runde. Sagt, wir sollten uns vielleicht beim Rektor sehen lassen.

»Wir sind doch schon beim Rektor gewesen.«

Er antwortet nicht. Es ist, als wäre er stumm. Ich bin der einzige, an den er sich anschließt. Ich versuche, ihn in die Gruppe einzuführen, versuche ihn mit Sätzen wie »Wißt ihr schon, Massa tut dies, Massa tut jenes«, interessant zu machen. Er antwortet einsilbig, ist alles andere als schlagfertig. Sergio flüstert mir ins Ohr: »Massa ist aber wirklich eine trübe Tasse.« Ich werfe einen Blick auf Massas karierte Hosen, die unter dem Talar herausschauen, die runtergerutschten weißen Socken, die grauen Schnürsenkel auf den schwarzen Lackschuhen und muß lachen. Auch Inge lacht. Ich schaue sie an. Sage mit gedämpfter Stimme zu Massa: »Massa, mit der da kann man's treiben.«

Er sieht mich interessiert aus seinen Murmeltieraugen an. »Ach geh«, sagt er.

Vielleicht schaffe ich es. Will ihn loshaben. Sage zu Inge: »Weißt du, daß Massa ein hervorragender Tennisspieler ist?«

Sie nimmt ihn in Augenschein, öffnet die Lippen, seufzt: »Massah.«

Ich stoße Massa mit dem Ellbogen in die Seite. Sage zu ihm: »Nun mach schon, Massa.« Er ist einer von denen, die man nicht mit dem Vornamen anreden kann, man erinnert sich nicht einmal an den Vornamen. Jedenfalls beginnen die beiden eine Unterhaltung. Ich atme auf. Sehe die Del Pra, die sich an den Rektor, den Präfekten, den Bürgermeister hängt. Sie hat schon den nächsten trüb-pastellfarbenen Cocktail in der Hand. Sie muß doch wissen, welche Wirkung Alkohol auf sie hat. Wie kann sie um diese Zeit soviel trinken? Ich drehe mich um, will noch ein Glas nehmen, sehe Dolores Maya, die das gleiche vorhat. Ich schaue auf ihre weißen Finger, die sich um das Glas schließen.

Es ist noch nicht sehr spät. Einer dieser komischen Tage. Ein paar von der Sorte Studenten, die einem nach der Stunde mit ihren Fragen auf die Eier gehen, haben mich aufgehalten. Sergio und die anderen sind zum Abendessen gegangen. Als ich ankomme, ist das Restaurant voll. Die anderen sind nicht da. Der Kellner schüttelt den Kopf. Ich bin also allein.

Ich esse etwas in einem Schnellimbiß und kehre ins Hotel zurück. Hole den Schlüssel, rufe den Aufzug. Da bemerke ich Dolores Maya im Foyer, ohne ihre rothaarige

Freundin, blaß, vor einem Glas Martini. Sie dreht es in den Fingern, ihr Blick starr, stumpf. Sie trägt ein schwarzes Kleid, schwarze Schuhe mit hohen Absätzen. Hat die Beine auf eine gewisse Art übereinandergeschlagen. Sie ist ohne Strümpfe. Ich sehe mich im Fenster hinter ihrem Rücken. Schaue auf ihre Beine, ihr weißes Gesicht, ihr Haar, so schwarz, daß es mit dem Dunkel der Nacht verschmilzt, ihre scharlachroten Lippen. Mir läuft eine Gänsehaut über den Rücken. Ich deute ein Lächeln an. Sie bleibt regungslos, verschlossen, abweisend. Die Türen des Aufzugs öffnen sich. ›Ein komischer Tag‹, sage ich zu mir selbst, doch da ist so etwas wie ein Flüstern hinter meinem Rücken.

Ich drehe mich um. Dolores Maya hält eine Zigarette zwischen Zeige- und Mittelfinger. Die scharlachroten Lippen öffnen sich, als sie noch einmal *»Fuego?«* flüstert. Ein Zucken in den Schultern, dann durchfährt es ihren ganzen Körper. Der Rock gibt noch ein Stück ihres weißen Schenkels frei.

Ich krame in meinen Taschen. Lächle sie an. Komme näher.

Sie gibt mir ein Zeichen, mich zu setzen. Ihre Stimme ist nur ein Hauch, klingt melancholisch, als sie mir erzählt, welche Sehnsucht nach *Barssellona* sie hat, nach ihrer Heimat, den Menschen dort, nach ihrer Freundin María, die hingefahren ist, und daß sie nicht weiß, ob sie zurückkehrt. Dies alles, während wir einen Martini nach dem anderen trinken und ich immer näher an sie heranrücke.

Sie redet und redet. Dicke Tränen fließen ihr übers weiße Gesicht, hinterlassen eine mehlige Spur auf ihren Wangen.

Ich schaue mich um. Das Hotel ist um diese Zeit menschenleer. Man sieht nur die Schatten der Pinien, die sich vor den Fenstern sanft im Wind wiegen – hier ist es immer windig. Meine Hand schiebt sich langsam zwischen ihre Schenkel. Auf diesem Weiß sieht sie aus wie die Hand eines Schwarzen.

Ich sitze in einem Flexform-Sessel. Mir gegenüber windet sich ihr schneeweißer Körper auf dem Bett. Sie sagt: »*Mírame mírame.*« Böse Blicke aus ihren Augen. Es sind die Augen einer Schlange, die sich häutet. Ihr Gesicht verzerrt sich zu einer Grimasse. Ich höre, wie sie zum fünften oder sechsten Mal in zwanzig Minuten kommt. Schaue auf meine Hand an meinem schlaffen Ding. Schaue zum Fenster, auf mein Spiegelbild, das sich vor die Pinien, die hohen, dichten Tannen geschoben hat. Jetzt bewegen sie sich nicht. Ich stelle mir vor, wie es gewesen wäre, wenn ich sie gevögelt hätte. Sie preßt sich ein Kissen auf den Mund, kommt zum siebten oder achten Mal. Wälzt sich herum, keucht, weint: »María, María.«

Der Boden im Kino ist übersät mit Pommes-Tüten, zerdrückten Cola-Bechern, Erdnußbeuteln und Eispapier mit matschigen und flüssigen Resten. Die Luft ist drückend, und da ist diese Masse von Kindern, die lachen, weinen, schreien. Ich halte Filippo an der Hand, hinter mir kommt Sandra mit Stefania auf dem Arm. Ich bleibe am Mittelgang. Da ist mehr Platz und weniger los, im Moment. Auch Filippo und Sandra mit Stefania auf dem Arm setzen sich. Doch es kommen noch scharenweise Kinder, die an uns vorbeidrängen.

Zu Filippo habe ich gesagt, daß man im Kino nicht spricht. Er schaut seine Altersgenossen an, die unruhig sind, mit ihren Eltern oder den Babysittern reden, Mützen in die Luft werfen, andere Kinder schlagen. Filippo schaut mich aufgeregt an, streckt sich auf seinem Sitz.

Ich werfe ihm einen strengen Blick zu, sage: »Jetzt beginnt der Film.« Sehe zu Stefania, die fast schon schläft, Sandra, die an irgend etwas anderes denkt, und der Film fängt an.

Ein langer Augenblick der Stille. Die Schatten derer in der ersten Reihe zeichnen sich auf der Leinwand ab. Es ist die Skyline einer eigenartigen Stadt, die ich da vor mir habe, bestehend aus wenigen Wolkenkratzern und vielen kleinen Häusern, die gleich in Bewegung geraten, zappeln, schreien. Bei einem dieser kleinen Häuser ist wohl die Kanalisation nicht in Ordnung. Und das direkt vor mir.

Es ist die dritte Zigarette, die ich ihr anzünde. Und der fünfte oder sechste Port Ellen, Ricciullis dunkler Whisky, den sie hinunterkippt. Ihre Beine schmiegen sich an meine, obwohl sehr viel Platz da ist. Sie rückt näher. Ich sehe das Weiße in ihren Augen aufblitzen. Sie sagt zu mir: »Du bist im Paradisooh…« Sie bleibt an der letzten Silbe hängen und lacht kehlig. Sie findet den Namen wohl ziemlich komisch. Oder das soll eine Anspielung sein. Sie fragt: »Bist du mit dem Auto da?«

Ich bejahe.

»Dann bring mich ins Paradisooo.« Wenn das keine Anspielung ist.

Ich sage: »Natürlich«, und lege eine Hand auf ihren Schenkel.

Sie schaut sich um, schaut meine Hand auf ihrem Rock an, als wäre sie ein ekliges Insekt.

Ich ziehe sie weg.

Sie läßt den Blick schweifen. »Da sind all diese Leute«, flüstert sie und lächelt.

Ich lächle auch. Letztlich hat sie doch einen Ruf zu wahren. Sie sagt: »Also bring mich ins Paradiso, nachher«, hat den Blick auf meine Hände gerichtet.

›Verdamm mich, und wie ich dich hinbringe‹, denke ich und spüre, daß er mir hart wird.

Als wir hinausgehen, laufe ich Richtung Auto. Sie folgt mir, entfernt sich, ohne sich zu verabschieden, von der Gruppe. Ich höre ihre Stimme sagen: »Du nimmst mich also im Auto mit, Enrico?«, Modugnos Stimme sagen: »Warte, warte, ich muß dir etwas erzählen.«

Ich schließe auf. Öffne die Wagentür. Höre Modugnos Stimme. »Es scheint, daß der Rektor… noch fünf Jahre… hierbleibt, ja.« Das ist alles, was ich verstehen kann. Doch es genügt mir. Ich sehe sie, plötzlich wieder nüchtern, wie sie hinter Modugno hergeht, in sein Auto steigt. Sie schließt die Tür, ohne mich anzuschauen. Ich höre den Motor anspringen. Sehe durch das Fenster ihre Bewegungen. Modugnos Kopf geht vor und zurück. Das Auto fährt los.

»Ach, du bist ja da«, sagt Sergio am Telefon.

Da, das ist mein Zimmer in der Universität. Ich sitze am Schreibtisch und schaue mir die schriftlichen Arbeiten der Studenten an.

Sergio sagt: »*Tucker* läuft im Ariston. Wir warten vor dem Kino auf dich. Du weißt doch, wo es ist, oder?«

Ich schaue auf die Uhr. Es ist Viertel nach acht, und es ist Freitag abend. Ich frage: »Um wieviel Uhr fängt es denn an?«

»In einer Viertelstunde.«

»Sind wir nicht schon zu spät?«

»Ach was.«

Während ich hinfahre, denke ich an die Verabredungen, die Sandra und ich eine Woche im voraus mit Freunden treffen, und an dieses eine Mal, als wir zum Ariston 2 statt zum Ariston gegangen sind, und damit war es gelaufen, und während ich daran denke, bin ich schon da. Wir mögen ein Dutzend sein, doch ich komme direkt neben Inge zu sitzen. Während ihre Hand sich auf und ab bewegt, sehe ich mir diese Autos an, ihre unglaublichen Farben. Ich denke an das einzige andere Mal, als mir so etwas passiert ist, in einem Filmclub, daran, wie ich gekommen bin, während auf der Leinwand die Leichen von Palästinensern zu sehen waren, geballte Fäuste, Raketenblitze in der Nacht.

Ich stelle meine Reisetasche im Eingang ab. Sandra ist da, sie lernt. Es stinkt nach Rauch wie in einem Billardsalon. Ich beuge mich zu ihr hinunter, um sie zu küssen. Sehe auf das Bild der Frau mit einem Kropf so groß wie eine Melone, das sie vor sich hat. Frage: »Hast du wieder zu rauchen angefangen?«

Sie hält mir die Wange hin. Antwortet zerstreut: »Olga hat mich besucht.«

Ich knöpfe die Hose auf. Stelle den Klodeckel hoch. Schaue hinein. Richte den Strahl auf die Kippe, die darin schwimmt. Lasse sie kreisen. Ohne Filter. Versuche mich zu erinnern, welche Sorte Zigaretten Olga raucht.

Ich habe das Gefühl, daß alles besser läuft. Mit der Arbeit im Büro, mit Sandra und den Kindern, selbst mit dem Verkehr habe ich keine Probleme, Sandra kommt mir allerdings immer distanzierter vor, aber sie lernt eben. Diese Aufenthalte in der *urbe condita* verkürzen mir die Woche, teilen sie in zwei Teile. Die Tage fliegen dahin. Mein Leben fliegt dahin. Doch es ist so angenehm.

Ich habe immer noch Dolores Maya im Blick. Halte ein Glas in der Hand, mit etwas darin, das ein Manhattan sein könnte. Ich hebe das Glas in ihre Richtung. Dolores Maya stößt geräuschvoll den Atem aus und wendet mir den Rücken zu. ›Ganz schön zickig‹, denke ich und lache. Ich sehe in die entgegengesetzte Richtung. Da ist Lara im Gespräch mit Sergio. Ich lasse den Blick schweifen, ob ich ihren Freund irgendwo sehe – wo ist er abgeblieben? –, doch da habe ich die Del Pra vor mir. Sie wirkt müde, gestreßt, und sie hat sich ja auch ganz schön was vorgenommen. Sie will das Rektorat. Der Rektor geht in ein paar Jahren fort, jedenfalls ist das eines der umlaufenden Gerüchte, und sie will seinen Posten. Sie wäre die erste Rektorin in Italien, in der Geschichte der italienischen Universität, mehr oder weniger eine Art Thatcher. Ich lächele sie an. Halte ihr den trüborangefarbenen Manhattan hin. Sie blickt mich durch ihre Wimpern an, nimmt ihn. Lächelt mir zu. Sie trinkt ihn in einem Zug aus. Stellt das leere Glas auf den Tisch. Fragt mich, ob ich etwas zu rauchen habe. Atmet genießerisch den Rauch ein. Sagt nur: »Schöne Feier«, greift nach einem weiteren Manhattan und gießt ihn in sich hinein.

›Die ist nicht mehr zu stoppen‹, denke ich.

Sie stürzt noch einen hinunter, und ich höre die Stimme des Rektors, der uns für das Foto zusammenruft. Er ist eine Glucke, und wir sind die Küken, die hinter ihm herlaufen.

Da sind diese gelben und türkisfarbenen Wände mit großen Aluminiumröhren dahinter. Der Fotograf hat eine Tasche über der Schulter hängen und deshalb eine schiefe Haltung. Wir sind vielleicht sechzig Talare, und ich gerate direkt hinter die Del Pra. Der Fotograf sagt: »*Cheese.*« Seine Vorderzähne sind faul. Er sagt: »Zusammenrücken.« Ich spüre, daß sich etwas zwischen meine Beine schiebt, dort bleibt, zugreift. Ich schaue nach unten und sehe die Hand der Del Pra, ihre Finger, die mich festhalten. Das Blitzlicht des Fotografen erhellt die Szene.

Ich mache »scht, scht« in Richtung Wecker und denke an Lara. Sie ist mein erster Gedanke, sobald ich wach bin. Ich fühle mich so gut, so optimistisch am Morgen, daß ich mich fast nicht wiedererkenne. Da ist dieser Typ, den sie mit sich herumschleppt, der mich ein bißchen stört; aber es ist ja sowieso nur eine Phantasie, die ich mir erlaube. Und außerdem: niemals mit einer Studentin. Ich stelle mir vor, was mein Vater sagen würde. Davon abgesehen, man kann in echte Schwierigkeiten geraten. Ich denke an den Skandal in den Zeitungen, an die Skandale, die es schon gegeben hat. Aber vielleicht ist das Unsinn. Sie ist volljährig, und wenn sie will, dann will sie.

Als ich das Jackett anprobiere und den Verkäufer sagen höre: »Das steht dir wirklich gut«, denke ich: ›Ja, das steht mir wirklich gut‹, und: ›Wenn der mich duzt, kann ich eigentlich nicht so anders sein als die anderen.‹ Ich sehe sie mir an, die Typen mit den ausrasierten Schläfen, die Jacketts an- und ausziehen, Nietenjacken, Hosen, Hemden, Krawatten aussuchen, bei dieser Musik mit dröhnenden Bässen und diesem roten Flackerlicht.

»Sie wollen das Haar an den Schläfen ausrasiert...«, fragt Mario, mein Friseur, »... sind Sie wirklich sicher?«

Ich sage: »Na ja, vielleicht nicht gerade ›ausrasiert‹, sagen wir: ein bißchen kürzer.«

Ich spüre, wie die Schere über mein Haar streift, wie sie klappert, mich kitzelt. Halte den Kopf nach hinten, unter den warmen Wasserstrahl. Da sind die Finger des Friseurgehilfen, die meine Kopfhaut massieren. Und während ich mich entspanne, fühle ich nur noch meine Kopfhaut, denke, daß sie »Kopfhaut« heißt, und das kommt mir so komisch vor, lächerlich. Ich werde doch mit dieser Frisur nicht etwa lächerlich aussehen?

Sandra schaut mich perplex an. Doch das ist nur ein Gefühl. Sie sagt nicht einmal: »Hast du dir die Haare schneiden lassen?« Unterstreicht weiter irgendwelche Dinge in ihrem Buch. Stefania quengelt und preßt ihr Gesicht gegen das Gitter des Laufställchens. Ich packe den Koffer.

Ich lasse das Auto in der zweiten Reihe stehen. Wähle aus den Sonnenbrillen, die die Verkäuferin mir zeigt, eine schwarze Ray-Ban aus. Schaue mich im Rückspiegel des Autos an. Sage mir, daß ich wirklich topmodern bin. Bremse gerade noch früh genug, um nicht gegen einen Lastwagen zu fahren.

Ich betrete den Hörsaal mit der Ray-Ban auf der Nase, nehme sie mit einer einstudierten Geste ab. Stelle die Mandarina Duck auf das Pult – ja, die habe ich mir auch noch gekauft. Schaue zur dritten Bank und begegne ihrem Blick. Sie sieht mich unverwandt an. Ich erinnere mich an die Italienisch-Aushilfslehrerin im Gymnasium, die eigentlich nichts Besonderes war, und wir waren doch allesamt in sie verliebt. Ich sage mir, daß ich der jüngste Dozent der ganzen Fakultät bin, daß ich irgendwie schon interessant wirken werde, daß es jetzt reicht, daß ich es bei ihr probiere.

Am Ende der Stunde erheben sich alle, ich gehe auf die Tür zu, drehe mich dann wieder zum Pult um, manche sagen auf Wiedersehen, lächeln mir zu, sehen mich mit einigem Respekt an. Ich gebe den vieren aus der ersten Bank ein Zeichen, zweien aus der zweiten, begegne ihrem Blick aus den blauen Augen, sage zerstreut: »Und du.«

Sie ist unsicher, sieht sich um, ob ich wirklich sie gemeint habe.

Ich gehe zum Pult, stelle meine Tasche wieder darauf. Sehe sie an, wie sie dastehen: ernst, regungslos, die Bücher auf dem Arm. Ich schaue Lara an, ihre blauen Augen. Die anderen, die hinausgehen, drehen sich neugierig nach der Szene um. Ich stelle mich so gleichgültig, wie ich nur kann. Alle anderen verlassen den Hörsaal. Ich stütze mich mit den Fäusten auf das Pult, atme tief ein, strecke die Brust raus, versuche den richtigen Ton zu finden, sage ihnen, daß ich sie als Mitarbeiter ausgewählt habe. Die aus der ersten Reihe wechseln Blicke, stoßen sich mit den Ellbogen und Schultern an, machen zufriedene Gesichter, schauen kritisch auf die aus der zweiten Bank und auf Lara.

Ich erkläre, daß es ein wenig Arbeit bedeutet, doch daß es sich lohnt. Frage sie, ob sie einverstanden sind. Sie sagen sofort ja. Lara überlegt noch. Ich betrachte ihr Gesicht. Es ist nachdenklich. Ich denke: ›Mensch, die sagt noch nein, weil sie sonst keine Zeit mehr hat, mit ihrem Typ rumzumachen.‹ Also sage ich: »Natürlich hat die Arbeit auch ihre Auswirkung aufs Examen.« Die anderen machen fast Luftsprünge. Sie bewegt nur den Kopf ein wenig, hält ihn leicht schräg. Die Haare fallen ihr in die Stirn. Mit einer gekonnten Geste streicht sie die Strähnen zurück. Sagt mit einem Seufzer: »Danke, Herr Professor.«

Eine Menge Leute, die sich unter einem Licht drängen, das die Brillen, die Kleider und die großen Gemälde zum Leuchten bringt. Da ist ein Bild mit einem türkisblauen Meer, in dem Delphine schwimmen. Oder vielleicht sind es Wale. Der Bürgermeister steht davor und unterhält sich mit dem Rektor. Sergio, die Del Pra und Lara sind ebenfalls da. Lara hat einen verlorenen Blick. Ich lächle sie an, als ich auf sie zugehe. Sie lächelt auch. Wir sprechen über die Ausstellung, über ein Bild, über ein anderes Bild, darüber, daß der Maler nicht kommt. Sergio hat mich nur flüchtig gegrüßt. Die Del Pra ebenso. Ich höre, daß sie über den Institutsrat sprechen. Denke: ›Was für ein

Scheiß‹, bin es aber zufrieden, hoffe, daß sie nicht mehr aufhören, daß sie mich mit Lara allein lassen.

Sie trägt einen taubengrauen Pulli, einen langen Rock mit Aubusson-Motiven, einen Ledergürtel in der gleichen Farbe wie die Schuhe. Sie neigt den Kopf und lächelt immer noch, während ich mit ihr spreche. Ihr Hals ist lang und zart. Ich schaue auf die Locken, die ihn umschmeicheln. Mir ist, als wäre ich nicht ganz klar, als ich sie betrachte. Ich beginne sie zu umwerben. Sage Dinge, die etwas anderes bedeuten. Doch sie ist so schüchtern, wehrlos. Ich frage mich, ob das, was ich da tue, richtig ist. Versuche mich in ihren Freund hineinzuversetzen, mich als diesen Dozenten zu sehen, der ihr den Hof macht, und fühle mich wie ein Arschloch. So kommt es, daß ich, als ich fast soweit bin, sie zu fragen, ob sie den Abend mit mir verbringen will, stumm bleibe. Ich höre die Stimme des Bürgermeisters, der ins Mikrofon sagt: »Ja also, Coro ist noch nicht gekommen.« Er lächelt amüsiert und zwinkert ins Publikum, als wollte er sagen: ›Wir wissen alle, daß er ein Wichser ist.‹ Er sagt: »Macht nichts, dann fangen wir eben ohne ihn an.«

Ein Typ mit dicken, dunklen Brillengläsern ergreift das Wort. Er spricht über die Gemälde dieses Coro. Wird dabei fürs Fernsehen gefilmt. Ich höre nicht viel von dem, was er sagt, doch mir scheint, die Bilder drücken etwas anderes aus. Danach reden der Rektor und der Bürgermeister. Sergio und die Del Pra geben Lara ein Zeichen. »Entschuldige«, flüstert sie mir zu – sie duzt mich jetzt – und geht hinter ihnen her.

Ich bleibe allein zurück und weiß nicht, was ich tun soll.

Ich fühle mich leer. Sage mir, daß ich ein Arschloch *bin*, sage mir, daß es jetzt reicht mit diesem Moralismus, sage mir, daß ich am Ende bin. Ich laufe im Saal herum. Hinter einer der Säulen wird der Kritiker mit der dunklen Brille im Licht der Fernsehscheinwerfer von dieser Frau im Hosenanzug für die *RAI* interviewt. Ich höre, wie sie mit ihrer sanften Stimme Fragen stellt. Bleibe an der nächsten Säule stehen. Ich schaue auf ihren Mund, wie er sich nah am Mikrofon bewegt, auf ihre schön geschwungenen Lippen, die danke sagen und lächeln, auf den Typ mit der dunklen Brille, der weggeht, schaue wieder auf sie, die mich für einen Augenblick ansieht, mit dem Kameramann spricht, irgend etwas aus ihrem Vuitton nimmt und ihm folgt. Ich lehne mich mit den Schultern an die Wand, verschränke die Arme auf der Brust. Denke: ›Bravo, und was mache ich jetzt?‹ Linker Hand ist ein großes Fenster mit Blick auf einen Fußballplatz: Minispieler in Maxitrikots. Schreiende Farben. Blau, Rot. Grün, Gelb. Lautlos laufen sie über den spärlich bewachsenen Platz. Lautlos.

Der Parkplatz ist voller Autos, und am Eingang leuchtet eine rosa Neonschrift. Ein paar Studenten stehen als Kartenabreißer davor, wechseln einige Worte, kaum daß sie uns gesehen haben, lächeln uns an und gehen zur Seite, um uns durchzulassen. Sagen: »Ah, seid ihr gekommen«, und: »Viel Spaß.« Drinnen ist es brechend voll. Unter einem weißen Licht, das das Dunkel durchschneidet, wird getanzt. Feine rote Strahlen unterteilen den Raum in wechselnden Mustern. Schatten von Tänzern vor diesem Licht. Sergio sieht mich an, lächelt zufrieden und sagt: »Komm, wir trinken etwas.« Als wir uns bewegen, spüren wir, wie sich die Blicke der Studenten von der Tanzfläche auf uns richten. Lara muß irgendwo sein, doch ich sehe sie nicht.

Ich sehe Paolo Ricciulli, der sich mit einer Gruppe unterhält und uns ruft. Er erinnert sich an unsere Namen. Tatsächlich erinnere ich mich ja auch an seinen.

Er fragt: »Wo seid ihr denn abgeblieben?«, als würden wir uns seit Jahren kennen. Er legt einen Arm auf die Theke, sagt: »Was genehmigen wir uns?«

Der Shaker glitzert bunt, als der Barkeeper ihn in dem von Rauchschwaden durchzogenen Licht schüttelt. Ricciulli gibt ihm ein Zeichen, daß es reicht, gut so ist. Das Gluckern, als der Drink in die Gläser fließt, kommt mir vor wie ein eigenartiges Seufzen, zu dem die Musik im Hintergrund dröhnt. Ich werfe einen Blick auf das Mädchen an der Kasse, ihr blasses Gesicht. Sie redet mit einem Typ. Er hat Geheimratsecken und ein verlebtes Gesicht, zündet Zigaretten an, drückt sie aus. Ich höre Ricciulli sagen: »Na, wie findet ihr's? Es ist toll, was?« Ich bin betrunken. Es ist mein drittes Glas, und ich fühle, wie meine Knie weich werden. Sergio sagt: »Laß uns ein bißchen tanzen.«

Die Tanzfläche hat sich noch mehr gefüllt. Sergio schaut sich um. Bleibt an einer Stelle stehen. Beginnt sich zur Musik zu bewegen. Ich tu es ihm nach. Die Studenten machen uns Platz. Amüsiert, gleichgültig. Nach einer Weile fühle ich mich richtig gut, überlasse mich der Musik. Sergio lächelt mir zu, ich lächle ihm zu, und wir werden in einen wirbelnden Strudel gezogen. Dann schaut Sergio auf einen Punkt. Auch ich schaue auf diesen Punkt. Und ich sehe sie. Sehe ihren Schatten, der sich vor einem grellen Lichtstrahl bewegt, sehe, wie sie die Arme durch die Luft wirbelt, den Kopf zurückwirft. Ihr Haar ist mit einer Schleife aus durchsichtigem Tüll zusammengebunden, sie trägt ein schwarzes Minikleid mit einem tiefen Rückenausschnitt. Ihre Beine sind gespreizt, sie tanzt, ohne die Füße zu bewegen, läßt die Hände kreisen. Das Licht fällt auf ihre Schenkel, und ich bleibe stehen, um sie anzuschauen. Sie scheint mir so anders, als ich sie immer gesehen habe.

Zum dritten oder vierten Mal sind wir gemeinsam unterwegs. Im Rückspiegel sehe ich die Gesichter von dreien der vier aus der ersten Reihe, das Auto mit den anderen, das uns folgt. Sie sitzt auf dem Beifahrersitz: ihre Beine in engen Leggings, ihre Füße in silberfarbenen Ballerinas. Ich denke, daß ich seit Monaten daran denke, daß ich sie haben muß. Um jeden Preis. Ich wende mich zu ihr hin und lächele sie an.

Sie macht große Augen, zieht die Schultern hoch. Die Art, wie sie mich ansieht, mir zulächelt, macht mich verrückt. Sie hat etwas, das mich in eine andere Zeit zurückversetzt, jaja, das habe ich schon gesagt, aber ich will wirklich begreifen, was es ist. Ich schaue sie wieder an, und es ist, als wäre sie eine meiner Klassenkameradinnen im Gymnasium, eine von denen, die immer so nach Wasser und Seife aussahen. Was weiß ich, ich weiß wirklich nicht, was es ist, doch wenn ich sie ansehe, ist es plötzlich so, als wäre auch ich wieder Student, und mein ganzes heutiges Leben scheint mir so weit weg. Weit weg.

Sie trinkt nicht, ißt wenig, wirkt schüchtern. Spricht auch wenig. Ist verlegen, wenn ich das Wort an sie richte. Die anderen lachen, machen Witze. Diskutieren über unsere Arbeit. Sie hört zu. Ist distanziert. Sie ist so hübsch, mit diesen Sonnenstrahlen, die jetzt durch das Laub der Bäume dringen und auf ihr Haar fallen, sich in der Iris ihrer blauen Augen spiegeln. Ich schaue sie immer noch an, als ich die anderen schon Tischfußball spielen höre. Sie wirft mir einen stillen Blick zu, betrachtet die grünende Landschaft.

Es ist schon dunkel, als wir uns auf den Rückweg machen. Sie geht an meiner Seite. Man riecht den Duft des Frühlings. Da sind zwei Farben, rein, ohne Abstufungen: Dunkelgrün und Schwarz. Aus einer Hecke ist der Gesang eines Vogels zu hören. »Eine Nachtigall«, sagt jemand. »Sie singen nur nachts.« Ich denke: ›Das ist das erstemal, daß ich eine höre.‹ Denke, daß ich heute abend zur Sache komme.

Wir stellen die Tische wieder richtig hin. Sie sagt: »Also ich gehe dann.«

Ich schaue auf die Uhr. Sage: »In Ordnung.« Zu den anderen: »Okay, das wär's, bis morgen«, als ich sehe, daß sie hinausgeht. Doch da fängt einer von diesen Kackern aus der ersten Reihe an, mich dies zu fragen, mich jenes zu fragen. Ich versuche das Problem schnell zu lösen, aber er läßt nicht locker, bis ich zu ihm sage: »Hör mal, es ist spät geworden, wir reden morgen darüber.«

Ich nehme meine Sachen und renne zur Treppe. Spüre, daß ich den Blick der Streber im Rücken habe, doch das ist mir vollkommen gleichgültig. Ich laufe und laufe. Nehme immer drei Stufen auf einmal.

Der Parkplatz ist leer. Da ist sie, die auf die Ausfahrt zugeht, und da ist ein weißer Tipo, der neben ihr hält. Der Fahrer des Autos streckt sich in ihre Richtung. Sie beugt sich zum Fenster hinunter, öffnet die Wagentür, steigt ein. Die Schranke geht hoch. Und ich bin unten. Down.

Ich verbringe den Nachmittag auf der Couch. Draußen treibt der Wind immer wieder Wolken vor die Sonne. Es ist Sonntag, einer von diesen Tagen, an denen man sich so niedergeschlagen fühlt und keinen Grund dafür weiß. An denen einem alles so nutzlos vorkommt, ohne Sinn. Und es gibt keinen Grund. Ich schaue auf die Bilder, die über den Fernseher flimmern, betrachte die Kinder, die spielen, Sandra, die lernt. Sehe auf die Uhr, denke an Lara, und da ist diese Vorstellung von ihr im Auto mit ihrem Typ unter einem Baum, einem dieser grünen, dichtbelaubten Bäume, die sich sanft im Wind wiegen, einem dieser Bäume in einem dieser Wäldchen, die ich aus dem Fenster des Hotels Paradiso sehe. Ich denke an das Auto, in das sie eingestiegen ist. Daran, daß ihr Typ Motorrad fährt. Überlege, wer es sein könnte, und fühle mich wie ein Idiot.

Ich habe Stefania auf dem Arm und eine Flasche Port Ellen in der Hand – war nicht leicht zu bekommen, aber damit kann man sich als Kenner zeigen –, Filippo hängt mir am Bein, Sandra steht mir gegenüber, fragt: »Dritter?«

»Vierter«, sage ich.

Sie drückt auf den Knopf. Er leuchtet auf. Die Türen des Aufzugs schließen sich leise. Die Wände sind mit dunklem Holz verkleidet, unterbrochen von Metalleisten. Ich höre, wie sich eine Tür im Treppenhaus öffnet, höre die Stimmen von Arturos Kindern.

Arturo und ich werden über die Zeit auf dem Gymnasium reden, über die Mädchen, die wir gehabt haben, und was aus den anderen geworden ist, aus Ettore, der immer weiß gekleidet war und jetzt beim Fernsehen ist, während der Dingsda, wie heißt er gleich, dieser Gianni, der so brillant und intelligent war, jetzt Bahnhofsvorsteher ist. Und dann reden wir natürlich über Checco, der uns aus dem Gefängnis schreibt.

Er hat mir dies geschrieben, er hat mir jenes geschrieben, sicher, wenn er rauskommt, wird es hart. Sicher, er und Curcio sind die einzigen, die noch drin sind.

»Dieser Whisky ist wirklich gut«, sagt Arturo. »Wo hast du den aufgetrieben?«

Sandra und Olga werden zuschauen, wie wir trinken und rauchen. Werden über unsere wahren und eingebildeten Abenteuer lachen, sich noch im nachhinein eifersüchtig zeigen, nicht nur zum Spaß, werden sich selbst an andere Liebschaften erinnern, andere Geschichten, vielleicht nur ein bißchen weniger detailliert.

Die Kinder spielen, schauen uns an, wenn wir lachen, stellen unsere Musik ab, legen Cristina D'Avena, Jovanotti auf – so schlecht ist dieser Jovanotti gar nicht.

Dann wird es ein bißchen peinlich werden, wenn ich, ohne mir etwas dabei zu denken, Marco, den Ex von Olga, Mara, die Ex von Arturo erwähne. Es wird ein bißchen peinlich sein, wenn Arturo, ohne sich etwas dabei zu denken, Andrea, den Ex von Sandra erwähnt. Und ich werde, um die Peinlichkeit zu überspielen, fragen: »Was macht er jetzt?« Olga wird sagen: »Er ist immer noch hier, am Krankenhaus.«

Diesmal fügt sie hinzu: »Doch ich habe gehört, daß er seit einer Weile auch an der Universität arbeitet.«

Stefania schläft auf meinem Arm, und Filippo hat sich an mich gehängt. Ab und zu ist ein Eintauchen in die Vergangenheit sogar ganz nett. Mir scheint nur, das Schweigen ist ein bißchen länger gewesen, als von Andrea die Rede war. Olga hat sich eine Zigarette angesteckt – Olga raucht MS, sie hat immer Filterzigaretten geraucht –, einen tiefen Zug genommen, und Sandra hat zu den Kindern gesagt: »Es ist spät geworden, Zeit zu gehen.«

Jedenfalls ein schöner Abend. Die Türen des Aufzugs öffnen sich, und da ist das violette Licht einer flackernden Laterne auf der verlassenen Straße.

Die Türen des Aufzugs öffnen sich. Ich nehme ihren Duft wahr, bevor ich hinter der Del Pra hineingehe.

Sie hat sich umgeschaut, hat mir zugeflüstert: »Enrico« – manchmal nennt sie mich beim Vornamen –, »komm und hilf mir. Ich muß...« sie hat irgend etwas gemurmelt... »in meinem Zimmer holen.«

Ich habe mich gefragt, was sie in ihrem Zimmer holen muß. Doch während ich mich das fragte, habe ich sie angeschaut. Und sie hat mich angeschaut. Ich habe überschlagen, wie viele Cocktails sie getrunken hat. Wie viele ich getrunken habe. In meinem Kopf hat es angefangen, sich zu drehen, und es dreht sich noch immer, während ich das

Geräusch des Aufzugs höre, der uns langsam nach oben bringt, und sie mich aus ihren wäßrigen Augen erneut prüfend anschaut. Wir sagen praktisch nichts, da ist nur dieses Geräusch des Aufzugs auf seiner Fahrt nach oben. Wir werden aneinandergedrückt. Im Spiegel betrachte ich die Szene, wie sie mich küßt, sich ganz anspannt, ihr Becken gegen meinen Schwanz preßt. Er wird nur halb steif, zuviel Alkohol. Mit dem Rücken ihrer linken Hand drückt sie auf Stopp, und ich sage mir, daß ich mir so etwas immer erträumt habe, einen Prorektor aufs Kreuz zu legen.

Sie sitzt mit gespreizten Schenkeln auf ihrem Schreibtisch. Hat das Gewicht ihres Körpers auf eine Hand verlagert, versucht mit der anderen, mir einen Steifen zu machen. Sie hat die Augen niedergeschlagen. Ich sehe auf ihr Höschen aus schwarzer Spitze, das auf dem Boden liegt, ihre schwarze Strumpfhose, die auf dem Boden liegt, ihre Schenkel, die der Talar umrahmt. Sie wirft den Kopf zurück, umklammert ihn und steckt ihn sich rein. Ich habe das Gefühl, daß er schlapp macht. Da ist noch eine andere Bewegung, langsam, aber stetig. Meine Finger streichen über den falschen Hermelin, und mein Schwanz wird knallhart. Ich spüre irgendwelche Stöße, die den Schreibtisch bewegen, sie erbeben lassen. Ich will es ihr auf dem Hermelin besorgen. Sage: »Laß mich auf deinem Pelz fertig werden«, und ich spüre, daß es ihr kommt, und spüre, daß es mir kommt, und spüre, daß sich der Schreibtisch bewegt, der Fußboden bewegt, alles um uns herum sich bewegt. Ich hole tief Luft. »Wahnsinn.«

»Wahnsinn«, wiederholt sie.

Die Decke auf dem Gang kommt mir niedriger vor. Das Licht der Neonröhren fällt auf den Linoleumboden. Kein Mensch zu hören. Wir begegnen niemandem, unsere Schritte dröhnen durch diese vollkommene Stille. Wir schauen uns an, betreten den weißen Saal.

Ich sehe die halbvollen Tabletts, die übriggebliebenen trüb-gelben, trüb-orangenen, trüb-grünen Cocktails, die zusammengeknüllten Servietten auf dem Boden, sehe die Gesichter der beiden, die nach uns hereinkommen. Es sind die Gesichter von Sergio und Lara. Sie ist blaß, fixiert einen Punkt in der Ferne. Sergio fragt: »Was ist denn passiert?«

Ich sehe auf Laras zerknittertes blaues Kleid, ihr zerzaustes Haar, ihre Augen mit der verlaufenen Schminke, die meinen Augen ausweichen, und ich weiß, was passiert ist.

Alle sind unten im Hof. Schwätzen, lachen. Manch einer hatte vor Angst nicht einmal sein Glas abgestellt und trinkt jetzt betont gelassen daraus. Nur wir vier sind noch drinnen. Zwei Männer, zwei Frauen. Eine gewisse Peinlichkeit, als wir überlegen, in welcher Reihenfolge wir hinausgehen sollen. Die draußen haben irgend etwas gemerkt, ihre Blicke sind auf uns gerichtet. Die Del Pra nimmt die Sache in die Hand. Sie hakt Lara unter und geht mit ihr hinaus. Draußen schallt uns ein lautes Hallo entgegen, man sieht uns mit unverhohlener Neugier an, applaudiert.

Die Del Pra erträgt es mit einem Lächeln, wendet sich mit ungerührter Miene Lara zu, sagt unauffällig etwas zu ihr, redet weiter, als ob nichts wäre, und geht dabei auf die anderen zu. Damit hat sie gewonnen. Damit haben wir gewonnen. Ich sehe, wie die Del Pra und Lara in der Gruppe verschwinden, sehe, wie sie Lara zunickt und sich von ihr verabschiedet, wie irgendeine Dozentin sich von irgendeiner Studentin verabschiedet, und mit Modugno zu reden anfängt, als sei ganz und gar nichts Ungewöhnliches passiert. Lara schaut sich kurz um, gesellt sich dann schleunigst zu ihren Freundinnen.

Sergio redet über irgend etwas, von dem ich keine Ahnung habe und von dem ich nicht weiß, ob es einen Sinn macht, während die Gruppe auf dem Hof auch uns in sich aufnimmt, uns trennt und ich einen sagen höre: »War bestimmt Stärke sechs oder sieben«, einen anderen: »Und ob es lang war, auch wenn es noch schlimmere gibt. Aber wo seid ihr denn die ganze Zeit gewesen?«

Nach einer Weile gehen die ersten. Der Parkplatz leert sich. Sergio fragt: »Wohin nun?«

Ich gehe auf meinen Wagen zu.

Er sagt: »Danke, ich bin auch mit dem Auto da.«

Ich sehe ihm nach. Er läßt die Schlüssel um seinen Finger wirbeln. Bleibt vor einem weißen Tipo stehen. Mit quietschenden Reifen fährt er los. Ich sehe die Schranke an der Ausfahrt hochgehen. Und ich bin down.

Zu Hause begegnet mir vor der Tür ein roter Duetto Baujahr 69 mit langem Heck. Am Steuer sitzt Andrea, und er kommt mir nicht sehr verändert vor, es kommt mir nicht einmal besonders seltsam vor, ihn hier zu treffen. Er hat so etwas wie ein Lächeln auf den Lippen, während er mit quietschenden Reifen davonbraust und so tut, als würde er mich nicht sehen.

Stärke sieben. Haben sie im Fernsehen gesagt.

Sandra küßt mich und fragt, wie es gewesen ist, was man spürt, was ich empfunden habe. Doch sehr aufgeregt wirkt sie nicht.

In den Aschenbechern Kippen von Zigaretten ohne Filter, und es stinkt nach Rauch wie in einem Billardsaal.

Da ist diese Szene mit Andrea, der in seinem roten Duetto davonbraust, eine Stimme, die sagt: »...cum laude«, der Typ im Khaki-Anzug lächelt mich an, und Renzo umarmt mich und sagt: *»Conditor.«* Ich antworte: »Nichts, ich habe nichts empfunden, habe keine Angst gehabt, habe nur gesehen, daß alles um mich herum bebte und die Zeit stehenblieb.« Ich umarme sie, drücke sie an mich. Doch sie ist so weit weg. Weit weg.

Ihre Stimme sagt: »Wie lange hat es gedauert?«

Meine Stimme antwortet: »Eine Ewigkeit«, und ich bin unter einem dieser Bäume, die sich im Wind wiegen und die man von meinem Zimmer im Hotel Paradiso aus sieht, bin allein unter einem Himmel voller Wolken.

Ich habe von einem hübschen Mädchen einen alten GS gekauft. In der Zeitung hieß es: »1A-Zustand.« Ich gehe um den Wagen herum und entdecke einen kaputten Scheinwerfer, aus dem ein Büschel Gras hängt, eine Beule auf der linken Seite und bei einem Blick durch das blaugetönte Glas ein Brandloch von einer Zigarette auf dem Rücksitz, tief wie eine Wunde. Sie schüttelt ihre langen, schwarzen Haare, streicht sie zurück, zuckt die Schultern, lächelt mich an und sagt: »Als ich die Anzeige aufgegeben habe, war er noch in Ordnung. Aber der Motor läuft perfekt, ich habe ihn gerade überholen lassen. Ehrenwort.«

Eine Zeitlang bin ich abwechselnd mit meinem Auto und denen meiner sogenannten »Kollegen« gependelt. Wir treffen uns jeden Morgen in derselben Bar. Trinken irgend etwas. Jeden Morgen teilen sich zwei die Rechnung, der Reihe nach. Dann steigen wir in die beiden Autos des Tages ein. Auf der Fahrt wird über Klassenarbeiten gesprochen, den Direktor, was für ein Idiot er ist, über Benotung und Beförderung. Es sind fast nur Frauen – eine ist gar nicht mal so übel. Ich denke: ›Wer weiß, vielleicht ergibt sich ja etwas.‹ Dann schaue ich mir meine restlichen Kolleginnen an, mit ihrem schon um diese Zeit verschmierten Make-up, höre zu, wie sie sich über Nichtigkeiten aufregen, und habe irgendwann das deutliche Gefühl, daß es wirklich ein Job für Frauen ist. Vor einer Weile habe ich eine Schulkameradin aus dem Gymnasium getroffen, und sie sagte zu mir: »Ich weiß nicht, aber von dir hatte ich etwas anderes erwartet.« Während ich ihr antwortete, daß es gar nicht so schlecht sei, dachte ich bei mir, daß ich mir selbst im Grunde auch etwas anderes vorgestellt hatte, als jeden Tag in ein schmutziges Kaff zu fahren, mir das dumme Gerede meiner Kollegen im Auto anzuhören, den Mief der Schüler in einem Klassenzimmer mit grauen Wänden und ständig brennenden Neonlampen zu ertragen. Das hätte ich mir früher überlegen müssen, doch bei meiner Einschreibung an der Universität dachte niemand auch nur im Traum an später. Und selbst wenn: ich hätte mich doch nicht anders entschieden. Was hätte ich sonst tun können. In einem Dorf zu unterrichten – sicher hatte ich mir nicht ausgemalt, daß es so enden würde, ich fühlte mich damals irgendwie als Künstler – kam mir romantisch vor. Es ist nun einmal so gekommen, wie es gekommen ist – zehn Jahre habe ich gebraucht, mein Studium abzuschließen. Ich bin so deprimiert, daß ich wieder zu rauchen angefangen habe. Ich trinke auch, was ich besser lassen sollte. Von meinem Vater habe ich außer der »Leidenschaft« für Literatur – ich habe seit dem Studium kein Buch mehr gelesen und kann mich nicht erinnern, je gesehen zu haben, daß er las – ein Herzleiden geerbt. Nein, nichts Dramatisches, ich sollte nur vorsichtig sein.

›Wenn es wenigstens ein bißchen Sex gäbe‹, denke ich, schaue meine Kolleginnen an und höre ihnen wieder zu.

»Weißt du«, sagt eine, »sie haben schließlich doch noch ein Kind bekommen. Sie haben es sich so sehr gewünscht.

Es ist ein bißchen schmächtig, doch das war mein Carlo bei der Geburt auch, und dann ist er groß geworden wie ein Riese, der Schatz.«

›Wirklich schwierig‹, sage ich mir. Ich habe alles falsch gemacht. Einer vom Gymnasium, der jetzt Arzt ist, hat mir erzählt, daß es im Krankenhaus mit den Kollegen, Krankenschwestern und Patienten manchmal zum Totlachen sei. ›Wahrscheinlich, weil der Tod so nahe ist‹, sage ich mir und bemühe mich, es witzig zu finden. Man muß immer das Positive sehen. ›Doch was mag das in meinem Fall wohl sein?‹ frage ich mich, während ich von Taufen, Hochzeiten und den passenden Geschenken höre. Außerdem ist es nur eine Vertretung für ein paar Monate – und dann? Wohl unnötig zu erwähnen, daß ich eine Kollegin vertrete, die Mutterschaftsurlaub hat. Wenigstens ist Spätfrühling, und der Himmel leuchtet in kräftigem Blau. Während wir uns auf dieser schlechten Straße voller Schlaglöcher und Kurven mühsam vorwärtsbewegen, fällt mir auf, wie grün alles ist. Man meint wirklich, in Irland zu sein, auch wenn ich noch nie in Irland gewesen bin und es da vielleicht noch bescheuerter ist als hier.

Dann, wenn die Straße noch schlechter wird, kurz bevor das Dorf auftaucht, mit seinen düsteren, graubraunen Häusern, verwohnt und aneinandergeklebt wie die Zellen einer Bienenwabe, dann begegnen wir jeden Morgen einem weißen Uno, und darin sitzt sie.

Sie ist angespannt, aufs Fahren konzentriert. Es ist, als wäre sie immer spät dran. Doch sie schaut ins Auto, unsere Blicke streifen sich, und ich spüre, daß ich das Positive doch noch gefunden habe. Für einen Augenblick steht die

Zeit still, die Stimmen der Kollegen sind weit weg, und ich selbst fühle mich auch weit weg, noch stärker als sonst habe ich das Gefühl, anders als die anderen zu sein, etwas Besonderes.

Ich mache ein paar Monate so weiter. Verbringe die Vormittage damit, unter Anwendung aller Tricks, doch ohne spürbaren Erfolg, einfachste Regeln der Grammatik zu erklären und darauf zu warten, daß meine Mitfahrer ihren Unterricht beenden, um nach Hause zurückzukehren. Wenn ich dort ankomme, bin ich so müde, daß ich kein Wort mehr sagen kann und es gar nicht schaffe, die Vorteile auszunutzen, die mir meine Arbeitszeit bietet: achtzehn Wochenstunden – bevor ich angefangen habe, kam mir das so wenig vor –, vorausgesetzt, es gibt keine Konferenzen und keine Elternsprechstunden, zu denen dickbäuchige Väter mit schlechtem Atem, borstigen Bärten und öligen Haaren kommen, die Augen voll Hoffnung auf die Zukunft ihrer stinkenden Kinder. Ich werfe mich aufs Bett und betrachte Todi, meinen Hund, der zusammengerollt in seinem eiförmigen Korbsessel liegt. Er ist siebzehn Jahre alt, ich kenne ihn fast so lange, wie er auf der Welt ist. Meine Ex hat ihn aufgelesen, als er vielleicht ein bißchen jünger als ein Jahr war. Sie ist in Rom geblieben, hat einen anderen geheiratet, einen Schauspieler. Sie hat ihn bei den Proben zu meiner Komödie *Die letzte Reise des gestrandeten Delphins* kennengelernt, und am Abend der Premiere im »Spazio Zero« hat sie mich nicht einmal gegrüßt. Dort habe ich damals versucht, Karriere zu machen, aber das war sicher nicht der richtige Ort. Ihn, Todi, hat sie mir dagelassen. Er ist ein schöner Bastard, schwarz und struppig wie ein Hirtenhund, man könnte meinen, daß er Rasse hat. Ein bißchen wie ich, wie ich mich gesehen habe, bevor ich mit eingezogenem Schwanz zurückgekommen bin, um hier unten den Aushilfslehrer zu spielen – und auch das verdanke ich nur einem alten Freund meines Vaters, der im Schulamt sitzt. Nach so vielen Jahren hat Todi sich noch immer nicht daran gewöhnt, daß ich sein Herr bin. Manchmal frage ich mich, was ich mit einem Hund soll, der mich nicht freudig begrüßt, so schlecht erzogen ist, daß er sofort wegläuft, wenn ich ihn losmache, und so tut, als hörte er mich nicht, wenn ich ihn rufe. Ich weiß keine Antwort darauf. Auch heute hat er direkt unter dem Sessel einen Haufen gemacht. Wie er das genau an der Stelle schafft, ist eine weitere Frage, auf die ich keine Antwort habe. Wenigstens ist es hart. Ich gebe ihm extra Reisauflauf und Fleisch aus der Tiefkühltruhe. Es ist so ekelhaft, wenn er Durchfall hat. Ich sehe ihn vom Bett aus an, überlege mir, daß ich saubermachen muß, denke daran, wie es sein wird, wenn ich so alt wie er bin, und sage mir: ›Später, später…‹

Eines Tages geschieht es dann, daß wir bei der Rückfahrt zu zweit im Auto sind. Die anderen haben sich von irgend jemandem mitnehmen lassen. Mit mir fährt die, die gar nicht so übel ist. Von Anfang an laure ich auf eine Gelegenheit. Wir reden nicht viel. Ich stelle den Motor ab. Lasse den Wagen bergab im Leerlauf wie eine Billardkugel durch die Kurven rollen, so daß wir die Vögel zwitschern hören und auch ein bißchen Benzin sparen. Ich betrachte das hohe grüne Gras ringsumher. Stelle mir vor, daß wir beide uns darin wälzen. Sehe sie an. Sehe auf das Stück

Schenkel, das unter ihrem Rock hervorschaut. Denke, daß es wirklich passieren könnte, während sie mich ihrerseits ansieht und schweigt. Ich will gerade etwas zu ihr sagen, da gerät mir eine gelb-weiße Katze direkt zwischen die Räder. Mir stockt der Atem, ich steige auf die Bremse. Spüre, wie ihr knorpeliger Körper mit den Reifen kämpft. Meine Beifahrerin stößt einen spitzen Schrei aus. Dann sehen wir sie, die Kamikaze-Katze, wie sie auf die andere Seite springt, sich vor ein Straßenhäuschen hockt, sich eine Pfote leckt und gelangweilt gähnt. Meine Mitfahrerin zieht einen kleinen Spiegel aus der Handtasche und kontrolliert ihr Make-up. Jetzt geht es bergauf. Ich schalte in den zweiten Gang, beschleunige, und der Motor macht einen Lärm wie ein Flugzeug, kurz bevor es abhebt. Sie fängt an, mir von ihrem Mann zu erzählen, ihren Kindern, ihrer Schwiegermutter, und während ich sie reden höre, sie anschaue und mir sage, daß es keinen Sinn hat, daß mein Leben ohne Hoffnung ist, steigt plötzlich eine dichte Rauchwolke aus der Motorhaube auf. Der Argenta meines Vaters. Der hätte es noch bis Ende des Jahres gemacht, wenn ich an das Öl gedacht hätte.

So kaufe ich von dem hübschen Mädchen diesen alten GS. Ich beschließe, von nun an allein ins Dorf zu fahren. Ich kann zwanzig Minuten später los, und wenn ich fertig bin, brauche ich auf niemanden zu warten, mal ganz abgesehen davon, daß ich an zwei von vier Tagen erst in der zweiten Stunde anfange. Die Kollegen nehmen es mir übel, behandeln mich kühl, und ich gebe ein Viertel meines Gehalts für Benzin aus, doch nach einer Woche fühle ich mich wie ein anderer Mensch. Todi ist auch zufrieden. Sein Morgenspaziergang im Park bei meiner Wohnung ist länger, und er trottet sichtlich glücklich durch das grüne Gras, auch wenn er das Gleichgewicht verliert, sobald er ein Bein hebt, um zu pissen.

Donnerstag und Freitag sind meine liebsten Tage, obwohl ich früh aufstehen muß. Ich halte immer an der gleichen Stelle, steige aus dem Auto, zünde mir eine Zigarette an und warte. Es ist still. Man hört die ersten Grillen, und die Luft duftet nach feuchter Erde. Ich habe gelernt, das Geräusch ihres weißen Uno zu erkennen. Ich schaue sie an, und sie schaut mich an, wenn sie in die Kurve geht. Und es kommt mir so vor, als verlangsame sie jedesmal ihre Fahrt. Allerdings fällt mir auf, daß sie eine grauenhafte Frisur hat.

An irgendeinem Tag gehe ich zwischen zwei Stunden auf einen Kaffee in die Bar. Ich schaue mich ein wenig um, bevor ich eintrete, schlüpfe hinein wie ein Dieb. Gerade will ich meinen Kaffee bestellen, als eine Stimme sagt: »Ja, wen sieht man denn da?«

Ich denke zuerst, es ist einer dieser dickbäuchigen Väter, die einem unbedingt schon mittags einen Bitter ausgeben wollen, und daß es das letztemal ist, daß ich einen Fuß in die Bar setze, daß Kaffee mir sogar schlecht bekommt – doch dann, als ich mich mit einem gezwungenen Lächeln auf den Lippen umdrehe, gibt es eine Überraschung. Ich erkenne Bigud, den Krauskopf, sofort wieder. Sage: »Hallo«, mit einer Art Schnaufen.

An seinen richtigen Namen erinnere ich mich nicht, und vielleicht mag er es nicht, wie »damals« genannt zu werden. Er hat sich nicht sehr verändert, seit der Zeit, als er immer mit seinem Roten Libanesen in die Stadt kam. Er hat uns das Zeug eher geschenkt als verkauft, für ihn war es eine Möglichkeit, in Kontakt zu kommen. Wir müssen ihm als ich weiß nicht was erschienen sein, meine Freunde und ich. Er hat immer noch diesen krausen Rotschopf. Redet auch wie früher. Sagt: »Was für eine Scheißgeschichte«, »Ein Wahnsinns-Flash«, »Das ist vielleicht ein Trip.« Doch er hat um die zehn Kilo zugelegt, trägt Schlips und Jackett. Ein grauenhaftes Madras-Jackett mit einer senffarbenen, glänzenden Krawatte, der Knoten zu eng, zu dünn. Er schaut mich an. Schaut sich an. Nimmt den Jackenaufschlag zwischen die Finger der rechten Hand. Sagt: »Du also auch. Na ja, was will man machen, man muß sich heute so anziehen.« Mir scheint das kein Problem, und vor allem kommt es mir wirklich nicht so vor, als wären wir ähnlich angezogen. Egal. Er fragt mich, was ich tue, und ich sage es ihm. Er freut sich ja so. Legt mir eine verschwitzte Hand auf die Schulter und sagt: »Dann sehen wir uns also, heute kommst du zum Mittagessen zu mir. Und heute abend gibt's ein Fest, und ich will, daß du bleibst. Nur die Ruhe, du kannst bei mir schlafen. Platz gibt es genug.«

Ich möchte nein sagen, möchte sagen, daß ich nach Hause muß, daß ich zu tun habe: Doch was habe ich zu tun? Vor einer Woche hat Todi den Kopf nicht bewegt, als ich nach Hause gekommen bin. Ich habe ihn gerufen. Habe gewartet, daß er hochschaut, die Ohren leicht aufstellt, den Schwanz hebt – mehr hat er ja nie getan. Doch er lag regungslos in seinem eiförmigen Sessel. An dem Tag gab es nichts sauberzumachen, unter dem Sessel. Das war eine

Nettigkeit mir gegenüber oder einfach deshalb so, weil er seinen Futternapf seit drei Tagen nicht angerührt hatte. Ich habe mir immer vorgestellt, ihn in dem Wald zu begraben, wo meine Ex und ich mit ihm hingingen, als er noch fast ein Welpe war. Dann habe ich mir gesagt, daß man dafür eine Schaufel braucht. Und woher die jetzt nehmen? So funktioniert mein Leben. Ich habe immer große, romantische Ideen und dann... Ich habe ihn in einen Müllsack gepackt und zum Einäschern gebracht.

Also sage ich okay zu Bigud, und während wir den Bitter trinken, den er mir unbedingt ausgeben wollte, erzählt er mir aus seinem Leben. Er sagt mir, daß er in die Politik gegangen ist, er sitzt im Gemeinderat, zuständig für den Fremdenverkehr – in einem solchen Scheißkaff –, der jüngste von allen und mit den meisten Stimmen gewählt. Einen Augenblick lang ist er unsicher. Er mustert mich eingehend, bevor er weiterspricht. Ich bin nicht nur in Schlips und Kragen, sondern habe auch kurzgeschnittenes Haar, und ich trage die kleine runde Brille nicht mehr. Er seufzt, fährt dann fort, immer noch ein wenig unsicher: »Um die Wahrheit zu sagen, ist das auch das Verdienst meines Onkels. Er war zwanzig Jahre Bürgermeister. Christdemokrat, leider.«

»Sieh mal einer an«, sage ich und lache.

Eine Stunde später wartet er vor der Schule auf mich. Wir gehen zu seinem Haus. Es ist eine dieser »Villen«, groß wie ein Mietshaus, grau verputzt, im unteren Teil des Dorfes. Wir bleiben am Tor stehen. Er sagt: »Hinter dem Haus baue ich einen Tennisplatz oder einen Swimmingpool für meine Tochter, die bald auf die Welt kommt. Jetzt ist noch überall Chaos, aber du mußt es dir mal in ein paar Jahren ansehen.«

Seine Frau ist in der Küche. Sie hat einen Sieben- oder Achtmonatsbauch und steckt in hautengen Leoparden-Leggins. Um die Augen ein violetter Strich, Wuschelhaare wie Bigud. Sie trocknet sich an einem Lappen ab, gibt mir die Hand, siezt mich. Er schaut sie genervt an. Sagt zu ihr: »Mach mal einen Aperitif für mich und den Herrn Lehrer.« Er sagt »Herr Lehrer«, als würde er »Seine Exzellenz« sagen. Er nimmt mich am Arm und führt mich durchs Haus. Es sind drei Stockwerke, zwei davon noch im Bau. Es wird dann so etwas wie siebzehn zellengroße Zimmer und sechs Bäder geben.

Ich frage: »Und was machst du damit?«

Er: »Ja also, weißt du, wenn man eine Familie gründet, muß man vorausplanen. Und was ist mit dir?«

Kein Gedanke daran.

Er sagt: »Dann finde ich die Richtige für dich, du kannst ganz beruhigt sein, schöne Mädchen gibt es genug, du mußt dir nur eine aussuchen.«

Ich darf gar nicht an die alten Schnallen denken, die man so auf der Straße sieht. Ich denke an *sie*, sie in ihrem weißen Uno, und bin drauf und dran, ihn zu fragen, wer sie ist, doch da ruft seine Frau: »Vituccio, der Aperitif.«

Vituccio, genau, so heißt er. Vituccio Bigud. Während ich den »Aperitif« in mich hineingieße, den zweiten Amaro Lucano des Vormittags, gehen wir ins Eßzimmer.

Es ist ein riesiges Zimmer im Erdgeschoß, das einzig bewohnbare. Auf einer Seite Lackmöbel im venezianischen Stil des achtzehnten Jahrhunderts, und dann, im Hintergrund: ein echtes Schaustück. Parallel zum Tisch, vor einem Rolladen steht dieser feuerrote Peugeot 205. Bigud tut so, als wäre das nichts Besonderes: ein Auto im Eßzimmer ist doch die natürlichste Sache der Welt, und nach einer Weile tue ich auch so, sogar, als wir uns an den Tisch setzen und essen. Und als seine Frau das Geschirr spült und er einen seiner Joints mit Rotem Libanesen zum Vorschein bringt, kommt mir dieses polierte Auto zusammen mit dem Mobiliar von Ende des achtzehnten Jahrhunderts besser als ein Warhol vor. Ich bin regelrecht davon eingenommen, nachdem Bigud eine Stunde lang von »damals« erzählt hat, nach dem zweiten Kaffee mit Anislikör, dem dritten Joint – seit Jahren habe ich nicht mehr geraucht, und mein Herz rast. Er macht eine feierliche Drehung in seinem Sessel, legt die spitzen Stiefel hoch, voller Schrammen, Modell Mexiko – die waren immer seine Leidenschaft, und auch jetzt, als Gemeinderat, verzichtet er nicht darauf –, holt aus einem Schrank seine alte cremig weiße Stratocaster, schaltet den Verstärker ein, es rauscht, und Bigud lächelt mich mit gelben Zähnen an und beginnt *Johnny be good* zu spielen: jaulend, wirklich wie »damals«.

Das Messegelände liegt verlassen in der Sonne. Aus den Lautsprechern krächzt Unterhaltungsmusik, und ab und an sagt eine Stimme: »Erste Messe typischer Erzeugnisse. Ausstellungsstände mit Weinen und Produkten der Region. Besuchen Sie uns.« Vituccio und ich biegen um die Ecke, und da sehe ich sie.

Sie sitzt mit einem Typ an einem Tischchen in der Bar. Wir geben uns die Hand, hören nicht auf, uns anzusehen.

Sie heißt Daria – was für ein Name. Sie trägt einen kurzen Jeansrock, hat unglaublich lange Beine, spitze Knie. Wir schauen uns immer noch an, während Vituccio und der Typ sich unterhalten. Er ist höchstens vierzig. Um den dünnen Bart, der sein hageres Gesicht eines groß gewordenen Seminaristen einrahmt, ist seine Haut grau vom Rasieren. Er hat graue Augen, ist von der Sonne geblendet. Hält sich eine Hand vor die Stirn. Er spricht mit einem nördlichen Akzent, sagt Dinge wie: »Es ist alles ein Problem des Marketings«, »Man muß ein aggressives Image kreieren«, »Gebraucht wird eine Marktstrategie.« Ich schaue sie an, sie schaut mich an. Wir haben genug Zeit, uns endlich zu mustern. Sie ist wahnsinnig bleich, hat toupierte schwarze Haare und trägt ein häßliches, ärmelloses schwarzes T-Shirt, auf dem irgend etwas in einem verblaßten Orange steht. Sonst ist sie perfekt. Hin und wieder wendet sie sich dem Typ zu. Nickt. Vituccio hängt an seinen Lippen.

Nach einer Weile kann ich es nicht mehr ertragen. Ich stehe auf und frage: »Zeigst du mir die Stände?« Ich fühle mich so komisch, als ich das sage. Wundere mich über mich selbst, daß ich es getan habe. Gewöhnlich brauche ich bei Frauen viel mehr Zeit. Mag sein, es liegt daran, daß ich einen durchgezogen habe, mag sein, ich halte dieses Gerede einfach nicht mehr aus.

Sie schaut zu dem Typ mit den grauen Augen, die jetzt eisig blicken. Sie ist in Verlegenheit, doch dann sagt Vituccio: »Ja, aber sicher, führ ihn herum«, ganz zufrieden darüber, daß er mit dem gescheiten Menschen allein bleibt.

Sie sagt: »In Ordnung«, als würde sie genötigt, und stellt sich auf ihre langen Beine. Sie ist noch größer, als ich dachte. Aber diese Frisur ist wirklich unmöglich. Sie schaut ein letztes Mal zu den beiden am Tischchen.

Ich lächele Vituccio an, der andere wirft mir einen bösen Blick zu, den ich nicht zu deuten weiß. Einen Augenblick lang denke ich: ›Die beiden werden doch nicht…‹ Nein, sage ich mir, er ist sicher wegen der Messe gekommen – er spricht mit diesem Akzent aus dem Norden –, und sie leistet ihm Gesellschaft. Na ja, und eigentlich ist es auch egal.

Wir laufen zwischen den Ständen herum, und Daria nimmt ihre Rolle als Führerin ernst. Sie zeigt mir die ausgestellten Produkte. Spricht in dem typischen Tonfall, den sie hier im Ort haben, wenn sie versuchen, ihren harten Akzent zu mildern. Doch sie ist so »natürlich«, so naiv, daß es mir bei ihr gefällt. Sie sagt: »Schön, nicht?«, »Das ist alles Handarbeit«, »So etwas findet man heute nicht mehr.« ›Um so besser‹, denke ich, als ich mir diesen Tinnef ansehe: nachgemachte peruanische Decken, Spiegel mit Jugendstildekorationen, Terrakottafigürchen. Gleichzeitig fühle ich mich so wohl, wie es mir selten bei einer Frau geschieht. Sie fragt mich, was ich tue. Scheint beeindruckt, als ich antworte. Auch ich frage sie, was sie tut. Sie sagt: »Dies und jenes. Im Moment verkaufe ich Kosmetik von Haus zu Haus.« Verdammt, dann geht's hier offenkundig tatsächlich um Sex, wenn ich daran denke, was man Kosmetikberaterinnen nachsagt, auch wenn ich bei ihr ein anderes Gefühl habe. Diese Geschichte, da bin ich mir sicher, hat mehr mit dem Herzen zu tun. Daria ist wirklich so süß, arglos, auch als sie meinen Arm nimmt und zu mir sagt: »Jetzt zeige ich dir etwas, das ist wirklich *tierisch*«, und ich breche nicht mal in Lachen aus, glaube sogar tatsächlich, daß sie mir jetzt etwas »Tierisches« zeigt. Ich folge ihr in diese Art dunklen Hangar, die Geräusche von draußen werden immer leiser. Ein schwerer Geruch nach Wein dort drinnen, und es herrscht eine durchdringende Kälte. Wir kommen uns näher. Hinten stehen riesige Fässer mit funkelnden Reifen. Sie hebt eine Hand, sagt etwas über ihre »tierische« Größe, ah ja. Ihre Stimme hallt ungewöhnlich nach. Es ist, als schwämmen wir in einer dunklen Flüssigkeit, in der die Gedanken Wirklichkeit werden.

Es ist einer dieser dummen Sätze, von denen man nur denkt, daß man sie sagt. Und mir scheint noch, daß ich ihn nur denke, als ich im Dunkeln meine leicht bebende Stimme höre: »Wie sonderbar, vor zehn Minuten haben wir uns nicht einmal gekannt, und jetzt sind wir hier, allein, nur wir beide.«

Ich habe es im Ernst gesagt. Ich schaue sie an, um zu erkennen, welche Wirkung es auf sie hat, doch in der Dunkelheit sehe ich nur das Weiße ihrer Augen. Mir wird erst klar, was geschieht, als ich dieses glatte, feuchte Holz spüre und unser Stöhnen höre, wie kurzer Wellenschlag in einer Grotte.

*

›Nein, das ist nicht möglich‹, sage ich mir, als ich sie aus ihrem blauen GS steigen sehe. Ich spiele mit dem Gedanken, in der Küche zu verschwinden, doch sie hat mich gesehen. Sie redet mit ihren Freundinnen und ist wirklich da, lächelt mich an, zeigt ihre makellosen Zähne. Streicht die langen schwarzen Haare zurück, die ihr gebräuntes Gesicht umrahmen, und lächelt. Von allen Leuten mußte gerade sie hier hereinkommen, verdammt. Ich fühle mich beschissen, in diesem Spenzer aus rotem Samt, an der Bar hinter der Theke. Das ist doch hier so weit weg, und ich meinte, sicher zu sein, geschützt. Ich hatte mir vorgestellt, ein paar Monate nach London zu gehen. Larry hat nach dem Kurs zu mir gesagt: »Du machst das gut. Was du brauchst, ist ein bißchen Praxis.« Und die Praxis wollte ich mir holen. Ich gehe also ins Reisebüro, frage, was es kostet, Reise und Unterkunft. Es kostet zuviel. Sie sagen, wenn du erst einmal da bist, schlägst du dich durch, arbeitest als Tellerwäscher, als Kellner, aber ich kann mir das nicht so gut vorstellen, mich in einer Stadt, wo ich mich nicht auskenne, um einen Job zu prügeln, also denke ich: ›Ich kann genausogut bei meinem Onkel ein bißchen Geld verdienen, und dann gehe ich anschließend nach London.‹ Immer noch besser, wenn das Tellerwaschen in der Familie bleibt. Um so mehr, als mein Onkel mich besser behandelt. Ich spiele also den Barkeeper. Er hat dieses Megarestaurant für Hochzeiten eröffnet. Wir können auch drei am Tag ausrichten – in jedem Stockwerk eine. Manchmal hören wir um fünf Uhr morgens auf zu arbeiten und fangen um sieben wieder an, doch mein Onkel sagt, daß es nur vier Monate im Jahr so geht und daß man hart arbeiten muß. Außerdem verdiene ich gut, mit Trinkgeld und allem. Vielleicht kann ich mir auch einen Modekurs leisten; außerdem ist London im Sommer voller Italiener, und die wichtigen Konzerte gibt es im Herbst. Ich beklage mich also nicht.

Das Restaurant ist das schönste in der ganzen Gegend. Überall Säulen und entspiegeltes Glas, und dann dieses Panorama dahinter: blaue Berge, deren Konturen nach und nach, wenn die Sonne untergeht, immer mehr verschwimmen. Und was am wichtigsten ist: es liegt weit außerhalb der Stadt.

Ich bin groß, schlank, habe die Haare auf eine ganz bestimmte Art geschnitten und kleide mich auch auf eine ganz bestimmte Art: Röhrenhosen, gerade bis zu den Knöcheln, und original englische Schuhe mit handgearbeiteten Silberschnallen. Tatsache ist, daß ich die Vorstellung nicht ertrage, daß jemand mich bei dieser Arbeit sieht. Das wäre tragisch. Es *ist* tragisch, als ich sie sehe, wie sie näher kommt, und überlege, was sie wohl denkt: ›Jetzt sieh dir den mal an, der ist Kellner, und dabei war der so durchgestylt, und gestern abend wäre fast was zwischen uns gelaufen, zwischen mir und diesem armen Schlucker.‹

Ich könnte antworten, daß alle so angefangen haben – ich denke an die Biographien von Rockstars und amerikanischen Schauspielern –, doch womit ich denn anfangen möchte, das wäre schwierig zu sagen.

Wir haben uns im Englischkurs kennengelernt. Während Larry die Recorder austeilte und ich in den Kopfhörern eine Stimme hörte, die mir ganz deutlich irgendwelche rätselhaften Wörter vorsprach, starrte ich sie an. Ich hörte meine Stimme die gleichen Wörter ohne Bedeutung nachsprechen und schaute ihr in die Augen, und sie schaute mich an, und da konnte ich einfach nicht anders. Und Larry in der Stunde danach: »Was zum Teufel sagst du da… – auf dem Band natürlich –: *I love you, I love you bebby,* hältst du dich für Elvis?« Wenigstens bin ich mit dem Rest irgendwie zurechtgekommen. Ich hoffte immer, Larry würde uns Aufgaben geben, die wir zusammen zu Hause machen könnten. Aber nein. Wenn es hoch kam, haben wir nach der Stunde ein paar Worte gewechselt. Bis sie, Sabri, dann dieses Fest bei sich zu Hause veranstaltet und auch uns aus dem Kurs einlädt, obwohl der Kurs schon seit einer Weile zu Ende ist. Sie sagt es meiner Mutter, die mich anruft. Ich sage mir, daß ich nicht hingehe, daß ich arbeiten muß. Wie soll ich meinen Onkel überreden, mir einen Abend freizugeben? Na ja, ich überrede ihn doch. Im letzten Augenblick komme ich in die Stadt. Nehme eine ausgiebige Dusche. Doch ich rieche immer noch nach Fett und übergieße mich mit Paisley Etro. Ich ziehe einen schwarzen Anzug von Dominguez an – den habe ich mir zum Geburtstag schenken lassen –, dazu ein mausgraues Hemd. Was die Krawattenfrage angeht, kann ich mich nicht entscheiden. Soll ich eine umbinden oder nicht? Ich wähle eine dünne, metallisch glänzende aus. Die Schuhe sind spitz, mit silbernem Absatz. Als ich mich beim Hinausgehen im Spiegel ansehe, finde ich mich phantastisch.

Bei ihr zu Hause – eines dieser Häuser mit den Wänden voller Bilder, mit Teppichen, die wohl Perser sind, und dem ganzen Rest – fühle ich mich vulgärer als ein Zuhälter. Doch dann sehe ich die anderen an: blaue Blazer mit Goldknöpfen, graue Hosen mit Umschlag, gemusterte Kaschmirkrawatten. ›Was soll's‹, sage ich mir, ›du bist als einziger trendy.‹ Auch Sabri muß das denken. Sie hängt sich an mich. Wir sind auf der Terrasse. Es ist Ende Mai, und in dem lauen Lüftchen liegt der Duft der Bäume. Sie trinkt und erzählt mir von sich: daß ihre Eltern sie nach dem Film mit Audrey Hepburn so genannt haben – ich schaue sie an, wie sie sich die Haare zurückstreicht, und finde, daß sie ihr ein wenig ähnelt. Sie erzählt mir auch von ihrem Freund, den sie seit dem Gymnasium kennt, er hat Abitur gemacht, dann den ersten Abschluß als Elektroingenieur hier an der Universität – ich war nur drei Jahre auf der Handelsschule –, und gleich nach der Uni ist er bei irgendeiner wichtigen Firma in Mailand angestellt worden, verdient einen Haufen Geld, ist jetzt seit einem halben Jahr weg, und sie fühlt sich so allein. Wir kommen uns immer näher, ihr Kleid rutscht immer höher – sie trägt etwas Enganliegendes, das nach dem Dekolleté zu urteilen von Alaia sein könnte, nach dem Straß auf den Ärmeln von Katherine Hamnett. Ich spüre ihren heißen Atem in meinem Gesicht, als dieser Anruf kommt. Der Elektroingenieur. Während sie mit ihm spricht, sieht sie mich ab und zu an, geht aber zu einer anderen Gruppe, nachdem sie aufgelegt hat. Ende.

Und jetzt, nicht einmal zehn Stunden später, ist sie da, lächelt mich an, drückt mir die Hand, sagt: »Ciao, was für eine Überraschung.« Ja genau, was für eine »Überraschung« – ich *serviere* ihr den Aperitif. Sie kann zwischen diesen trüb-grünen, trüb-orangefarbenen und trüb-gelben Drinks wählen. Dann ist sie mit ihren Freundinnen da, redet und schaut mich an und lacht. Ein paar von ihnen waren auch auf dem Fest. Sie grüßen mich nur flüchtig, sind verlegen. Sie sehen so traurig aus in ihren gedeckten Farben, alle gleich, daß ich sie beinahe nicht darum beneide, daß ich beinahe diesen Spenzer aus rotem Samt vorziehe – in Wirklichkeit fühle ich mich schlimmer als beschissen. Dann setzen sie sich endlich an die Tische, und ich sehe sie nicht mehr. Wie sie auf diese Bauernhochzeit geraten sind, kann ich mir wirklich nicht erklären. Ich sehe mir die anderen Gäste an. Die Frauen in Kleidern aus schwerer Seide, geblümt, mit offenen Schuhen und dunklen Strümpfen, Lockenfrisuren. Die Kinder, meistens Mädchen, angezogen wie Puppen. Die Männer eingezwängt in Anzüge aus glänzender Shantungseide, metallisch blau, metallisch grau, schwarze Mokassins, weiße Socken, und kaum haben sie sich hingesetzt, ziehen sie die Jacken aus, bleiben in Hemdsärmeln, in ihren enganliegenden Hemden mit steifem Kragen. Sie fangen an zu essen. Ich frage mich immer, wie sie es schaffen, dieses ganze Zeug in sich hineinzustopfen. Für die Eltern der Brautleute ist das eine Frage der Ehre, unter zehn Gängen kann man nicht bleiben – ein solches Hochzeitsessen dauert wenigstens sechs Stunden –, aber die Gäste, die verstehe ich wirklich nicht. Von meinem Platz hinter der Theke aus betrachte ich sie mir. Gegenüber habe ich dieses Panorama, das immer verschwommener wird, davor eine Reihe auf Hochglanz polierter Autos, die in der Sonne glänzen, metallic wie die Anzüge ihrer Besitzer, die weiter Essen hinunterschlingen, nach den bleichen, verschwitzten, pickligen Kellnern rufen, von denen jeder ein andersfarbiges Jackett trägt, und sich noch mehr auf die Teller laden lassen. Heute ist auch noch die Kapelle der Allegri Fratelli da, drei fröhliche Brüder, die mit Nachnamen Allegro heißen. Sie spielen Peppino di Capri, Cutugno, Marcella und Gianni Bella, Coccjante, die Pooh und Mazurka auf Wunsch. Einer springt auf und ruft den Brautleuten irgendwelche Scherze über die erste Nacht zu, die meisten ziemlich vulgär. Gelächter und

Applaus und Kellner, die mit flambierten Gerichten aus der Küche kommen und stehenbleiben und Diener machen, und von allen Orten auf der Welt mußte ich ihr gerade hier begegnen. Ich gieße einen Campari nach dem anderen hinunter, seitdem sie da ist. Das einzig Gute ist, daß ich sie von meinem Platz aus nicht sehe und daß sie mich auch nicht sieht. Weder sie noch ihre Freunde. Ich kann mir ihre Kommentare vorstellen. Zwecklos, mir zu sagen, daß ich darauf scheiße. Seien wir realistisch. Mit Sabri war ich fast soweit. Und jetzt… Sie ist so elegant, so schön. Na, eher hübsch als schön. Und hier stehe ich, Spenzer aus rotem Samt, schwarze Fliege mit Gummiband, und bediene diesen Haufen Bauern, die ihre gebackenen Fische verschlingen, jedes Eckchen im Gebiß mit Zahnstochern kontrollieren – die besser Erzogenen halten sich dabei die Hand vor –, in Alufolie einpacken, was sie im Moment nicht vertilgen können – ich weiß, das macht man auch in New Yorker Restaurants, doch ich finde es trotzdem geschmacklos –, hektoliterweise schlechten Wein trinken, ohne zu bemerken, wie schlecht er ist; schließlich haben sie Geld für das Geschenk ausgegeben. Auch Sabri muß das getan haben, ich meine: von diesem Fusel getrunken. Das ist mein erster Gedanke, als sie mit diesem wäßrigen Blick vor mir auftaucht. ›Nein, laß mich in Ruhe. Übersieh mich. Sieh dir nicht meinen lächerlichen Aufzug an. Du hast kein Herz‹, denke ich.

Sie lächelt, als ob nichts wäre. Sagt: »Nett.« Ja, auf den ersten Blick mag es »nett« scheinen. Sie seufzt. Sagt verlegen zu mir: »Könnte ich einen Kaffee haben?« Na sicher, dafür bin ich ja da. Es ist, als könnte ich spüren, wie sie ihr

Becken an der Theke reibt, während sie den Kaffee trinkt und mich mit dem gleichen Ausdruck in ihren Augen ansieht, den sie auf dem Fest hatte. Draußen wird die Sonne kleiner. Da sind zarte Wolken, mit weißen Rändern wie Seifenschaum. Sie stützt sich mit den Ellbogen auf die Zinktheke, die ich gerade mit einem Ledertuch gewienert habe. Sie läßt die schwarzen Haare ins Gesicht fallen, auf ihre ganz eigene Art. Wirft sie zurück und schaut mich an. Fragt: »Warum gehen wir nicht ein bißchen frische Luft schnappen?«

Ich will schon sagen, daß ich nicht kann, daß ich den Kaffee servieren muß. Doch ich sehe sie an. Sehe den sehnsüchtigen, vielversprechenden Blick in ihren Augen. Sage: »In Ordnung.« Was sollte ich sonst sagen? Bevor ich hinter ihr hergehe, reiße ich mir die Fliege mit Gummiband ab, werfe den Spenzer in eine Ecke.

Ich höre, wie mich der Oberkellner ruft: »Den Kaffee, du mußt den Kaffee servieren«, doch ich drehe mich nicht um, antworte ihm nicht einmal.

Draußen gibt es zwei Farben: Blau und Orange. Sie fährt, und ich sage: »Nach rechts – Achtung – nach links.«

Schließlich sind wir in der Ebene vor den Bergen, und alles wäre gutgegangen, wenn sie nicht beschlossen hätte, querfeldein zu fahren. Der Motor geht aus. Weich schaukeln wir über ein abschüssiges grünes Kornfeld – man hört nur das Knarren der Stoßdämpfer und Sitzfedern –, bis ein Baum unserer Fahrt ein Ende macht.

Wir sind vollkommen betrunken. Wir schauen. Schauen die Sonne an, die ein rotes Pünktchen zwischen den blauen Schluchten des Gebirges geworden ist, die duftigen, sanft dahinziehenden Wolken, den Streifen eines Jets, der den Himmel durchpflügt. Sabri zieht die Handbremse, auch wenn das jetzt nicht mehr nötig wäre. Sie lacht. Ich sage: »Du hast das Auto ruiniert.«

Sie zuckt mit den Schultern, wirft die Haare zurück, schiebt den Kopf vor und küßt mich. Es ist ein langer Kuß. Sie läßt die Finger über die rechte meiner Koteletten gleiten, länger als auf der linken Seite und geschwungen. Sie lehnt sich zurück und mustert mich wie ein seltsames Objekt. Zündet sich eine Zigarette an. Steckt sie mir zwischen die Lippen. Während ich den Rauch einziehe, sehe ich zu, wie sie mir den Hosenschlitz aufknöpft. Sie holt ihn raus. Rutscht nach unten. Sie hält sich die Haare mit einer Hand zurück, um mich anzuschauen, als sie ihn in den Mund nimmt. Ich bleibe, wie ich bin. Sie ist so hübsch. Ich hätte nicht gedacht, daß sie das tun würde, jedenfalls nicht so, sofort. Sie schaut mich immer noch an, während ich den Aschenbecher suche. Sie hört auf, an mir zu lutschen, und fängt an zu lachen. Sie wirkt wie ein kleines Mädchen, doch sie gibt ihn nur einen Augenblick frei, nur um zu sagen: »Wirf sie irgendwohin, morgen verkaufe ich das Auto sowieso.«

*

Ich weiß nicht recht, was passiert ist. Ich weiß nur, daß ich in diesem Krankenhauszimmer liege, mit Schläuchen in Nase, Mund und sonstwo, und daß mein Vater und meine Mutter nebeneinander auf dem Nachbarbett sitzen und mich wortlos anstarren. Gegenüber habe ich einen Bildschirm, der die grüne, zackige Linie meines Herzschlags zeigt, und ich höre nichts und sehe sonst nichts. Was ist bloß passiert?

Vituccio hat mir seine einstige Junggesellenwohnung im alten Dorfkern überlassen. Denn was soll ich jetzt noch immer in die Stadt zurückfahren? Jetzt, wo Todi eingegangen ist, jetzt, wo die Freunde, die ich hatte, bevor ich nach Rom ging, entweder woanders wohnen oder verheiratet sind und Kinder haben, höchstens für ein paar Worte auf dem Corso stehenbleiben und dann mit diesem gequälten Gesicht sagen: »Wir sehen uns.« Na klar, aber *wann* sehen wir uns?

Vitos Wohnung ist mit Hendrix-Postern tapeziert, und die Wände sind rot gestrichen, doch gemütlich ist sie trotzdem, mit diesem Holzfußboden, auf dem man so gut barfuß gehen kann, und dem Fenster mit Blick auf das weite Tal. Ich lese ein paar Bücher. Hesse. Ich kann mich aus den Gesammelten Werken bedienen. Castaneda, Ginsberg, Kerouac sind ebenfalls da. Das ist Vitos Bibliothek. Und ich muß mir die Zeit vertreiben. Bleibe hier, höre *Radio sud sud* und verkürze mir das Warten mit Rauchen und Trinken. Vito ist wirklich gastfreundlich – alle sind hier sehr gastfreundlich – und hat mir den Kühlschrank mit Amaro Lucano gefüllt. Ich gehe zum Essen zu ihm, habe ein paar Kilo zugenommen. Dann kehre ich in die Wohnung zurück und warte. Rauche, trinke, lese, höre Radio und warte. Manchmal stelle ich mich ans Fenster, sehe mir durch die trübe Scheibe die Konturen der Berge an. Es ist sehr romantisch, und ich langweile mich auch nicht. Ab und zu kommt eine Katze vorbei, ein Hund. Ansonsten sieht man kein lebendiges Wesen, höchstens einmal einen Alten in seinem Samtanzug. Alle sind in die neuen Häuser im unteren Teil des Dorfes gezogen. Nach dem Erdbeben hat man hier alle Häuser abgestützt. Ich fühle mich als eine Art Vagabund des Dharma, lasse mich treiben. Nur daß sie in mein Leben getreten ist. Es mag zehn Jahre her sein, daß ich mich zum letztenmal verliebt habe, in meine Ex, die mich wegen des Schauspielers verlassen hat – der jetzt allerdings Gemeindebeamter in Rom ist –, und ich habe das Gefühl, wieder jung zu sein. Mir kommen eine Menge Ideen. Ich könnte sogar ein Buch schreiben, verfolge diesen Gedanken. Ich habe nichts zu tun. Ab und zu kommt Vito mich besuchen. Er dreht einen seiner dicken Joints, und ich kann nicht nein sagen, auch wenn ich schon betrunken bin. Manchmal schlägt mein Herz dann heftig und setzt kurz aus. Ich warte, bis es wieder regelmäßig schlägt. Und das tut es dann auch. Vor zwei Tagen ist Vito ihr begegnet, als sie gerade von hier wegging, ich meine Daria. Gestern hat er zu mir gesagt: »Jetzt habe ich kapiert, auf was für einem Trip du bist, verdammt: *Sex and Drugs and Rock 'n' Roll.* Und ich habe gedacht: Na sieh mal an, wie dem Kerl aus der Stadt das Dorf gefällt. Aber gib acht, sie ist die Freundin von einem, mit dem nicht zu spaßen ist. Und sie ist auch nicht gerade unerfahren.«

Das trifft mich schwer. Vito sieht mich an und merkt es wohl, denn er sagt noch: »Damit es keine Mißverständnisse gibt: sie ist in Ordnung«, doch dann bekommt er einen Lachanfall. Tatsache ist, daß ich wirklich dachte, die Frau meines Lebens gefunden zu haben, und jetzt bin ich mal wieder um eine Illusion ärmer. Das hätte ich mir denken können. Daria mag ja unschuldig wirken, aber im Bett ist sie unersättlich. Und manchmal hat sie einen seltsamen Geruch: als hätte sie kurz vorher Liebe gemacht und sich nicht gewaschen.

Ich habe sie dazu gebracht, sich die Haare ganz kurz schneiden zu lassen. Ihre Frisur war wirklich nicht zum Aushalten. Ihr Gesicht besteht aus einem Paar Mandelaugen, einer männlichen Nase, fleischigen Lippen. Ihre Wangenknochen treten zu sehr hervor, die Augen sind zu klein, als daß man sie eine Schönheit nennen könnte, doch sie hat etwas. Eine animalische Grazie. Sie ist der Typ Frau, die im Bett, wenn sie sich erst einmal entschieden hat, ja zu sagen – und ich weiß jetzt, daß es nicht so sehr viel dazu braucht –, alles macht, was man will. Ich hätte das gleich kapieren müssen: ihre kleinen, gierigen Augen, ihre Magerkeit, alles paßt dazu.

Gestern abend ist sie gegen neun gekommen. Ich habe mich im Spiegel angesehen, als sie aus dem Auto stieg. Die ganze Nacht habe ich nicht geschlafen. Ich bin blaß. Habe dunkle Ringe um die Augen wie ein Waschbär. Ein Bild des Jammers, des Liebeskummers. Ich habe mir gesagt: ›Du Idiot bist wieder in die Falle gegangen.‹ Ich spüre einen Druck auf meiner Brust, behandle sie kühl, abweisend. Als sie mich fragt, was ich habe, sage ich ihr gleich, daß ich weiß, daß es einen anderen gibt. Sie streitet es ab, weint, küßt mich und beginnt, mit ihren langen Fingern meinen Schwanz zu streicheln. Doch ich bin derart lustlos, daß ich nicht einmal einen Steifen bekomme. Sage zu ihr: »Machst du das bei dem anderen so?«

Sie sagt nein, daß es nicht stimmt, daß es nur mich gibt.

Dann, während sie mit weiten, geschmeidigen Bewegungen, die viel Erfahrung verraten, auf und ab streicht, zeigt sich, daß wirklich nichts zu machen ist, und ohne meinen Schwanz loszulassen, sagt sie, ja, es stimmt, sie ist mit einem anderen zusammen. Ich frage sie, wer es ist. »Der von der Messe«, sagt sie. Der Typ mit dem Bart und den grauen Augen. Doch sie hat beschlossen, ihn zu verlassen, hat ihm schon von mir erzählt, daß sie mich wirklich liebt. Er will nichts davon wissen. Er ist neununddreißig Jahre alt. Ist verheiratet, hat sechs Kinder und bumst sie nicht einmal.

»Ihr erzählt euch also gegenseitig eure Lebensgeschichte«, sage ich barsch. Das nicht. Ihre Augen richten sich auf mein Ding, verengen sich zu einem Spalt. Sie sagt, er macht es ihr mit der Hand, sonst nichts. Dann fügt sie mit einem sonderbaren Ausdruck hinzu: »Auch heute abend… er hat die Hände eines Künstlers, weißt du, bei seinem Beruf…«

Ich überlege, ob ich sie fragen soll, was er denn arbeitet, doch sie flüstert mir mit dünner Stimme zu, daß sie bei ihm stundenlang gekommen ist, macht dabei weiter an mir herum und wird so scharf, daß sie aus ihrer Tasche eines dieser Sets mit bunten Präservativen zieht, mit ihren spitzen Zähnen ein Tütchen aufreißt und mir den Gummi überstreift. Sie will meinen Schwanz, etwas anderes interessiert sie nicht, jedenfalls im Moment. Ich kann sagen, was ich will, und das tue ich. Sage: »Und wie fühlst du dich, wenn du ein paarmal hintereinander kommst, du Dreckstück?« Ich will sie erniedrigen, doch sie lächelt zufrieden, greift mit einer Hand unter ihren Jeansrock, zieht sich das

Höschen aus, ohne die andere Hand von mir zu lösen, und sagt: »Das ist echt *tierisch*.«

Jetzt wird er wieder schlaff. Ich fühle mich bedrängt, zu einer Rolle genötigt, die sie für mich ausgesucht hat und die ich nicht spielen mag. Außerdem ist es eine Rolle ohne jede Bedeutung, ein Komparse würde dafür genügen. Sie stößt einen langen Seufzer aus. Nach einer Weile nimmt sie das Präservativ zwischen Zeigefinger und Daumen, zieht es von der Spitze. Ich sehe, wie sich der Gummi dehnt, spüre dann einen Ruck. Sie wendet sich zärtlich meinem Schwanz zu, als wäre es ein Hirschkälbchen, das sie aus wer weiß welchen Gefahren gerettet hat. Sagt: »Willst du denn nicht begreifen, daß ich dich liebe, du Dummkopf...« Ich weiß nicht, was geschieht, doch plötzlich geht es besser. Mag sein, ich bin so müde, daß ich einfach nicht mehr die Kraft habe zu leiden: jedenfalls glaube ich ihr, ich brauche es. Sie nimmt ihn wieder in die Hand, geschickt wie immer und mit noch mehr Eifer. Schaut ihn sich entschlossen an, wichst ihn ausdauernd, und am Ende, als ich denke, daß er wieder abschlafft – doch inzwischen ist mir klar, daß sie nicht aufgeben wird –, spuckt sie tatsächlich darauf. Wahrscheinlich, um ihn glitschig zu machen, aber das ist jetzt *wirklich* tierisch. Er wird hart. Und genau jetzt fängt es an, daß ich mich irgendwie schlecht fühle, während sie mir einen neuen Gummi überstreift und ihn sich reinsteckt, mich besteigt, wie sie ein Pferd besteigen würde, zu stöhnen beginnt. Ich schaue durch das Fenster auf den Himmel: alle Blautöne bis hin zu Indigo. Und da ist ein einzelner Stern, der glitzert wie ein Diamant auf blauem Samt.

Das ist das letzte, was ich sehe. Dann erinnere ich mich nur noch an das Blaulicht des Krankenwagens, und da bin ich mit meinem Vater und meiner Mutter, die mich anschauen. Nur daß mein Vater und meine Mutter beide tot sind und wirklich nicht dasein können. Ich höre eine Stimme, die meinen Namen ruft, mich aus diesem Alptraum reißt. »Massimo... he, Massimo«, und dann: »Nur die Ruhe, das ist eine Kleinigkeit. Ein paar Bypässe, und alles ist in Ordnung.« Ich sehe Vito. Wenn mir das einer gesagt hätte, daß von all den Leuten, die hinter mir herliefen, als ich im Gymnasium der Anführer war, der experimentelle Regisseur im »Spazio Zero«, daß von all denen der einzige Freund, der mir bleiben sollte, dieser Idiot von Vituccio Bigud wäre... Während ich das denke, fühle ich seltsamerweise eine Art Freude in mir hochsteigen, fühle, daß dies hier wie eine zweite Geburt ist, daß mich nachher ein neues Leben erwartet, das Leben, das ich herbeigesehnt hatte, und mir ist nach Weinen zumute, ich möchte Vituccio umarmen. Doch ich schaffe es nicht einmal, die Arme zu heben.

Sie schieben mich in Aufzüge mit Metallwänden. Ich werde von endlosen Gängen verschluckt, in einen Strudel hineingerissen. Ich schließe die Augen, und als ich sie wieder öffne, ist da ein Kreis aus Lampen, die mich blenden. Während ich sie zähle – es sind sieben –, setzt mir einer mit grünem Mundschutz und grünem Kittel ein Mundstück auf, von der Art, wie es Astronauten haben, nur durchsichtig. Aus meinem Atmen wird ein Gurgeln. Nachher ist es, als hätte ich mit Vito einen durchgezogen. Ich fühle mich so leicht und will gerade sagen: »Was für ein

Trip«, als ich die Augen dieses anderen über diesem anderen Mundschutz sehe. Sie schauen mich an. In diesem Licht sind sie noch grauer. Zwei stählerne Schlitze.

*

Ich höre die Stimmen meiner Toten; immer auf diesem Teil der Strecke. Vielleicht habe ich es irgendwo gelesen. Vielleicht habe ich so fest daran gedacht, daß es ist, als hätte ich es irgendwo gelesen. Jedenfalls ist es wirklich so. *Ich höre die Stimmen meiner Toten.* Zuerst mache ich das Radio aus. Es ist eine Art Meditation. Bei einer Geschwindigkeit von 150, 170 dauert es kaum länger als fünf Minuten. Nachher fühle ich mich anders. Ich weiß nicht, ob besser oder schlechter. Anders. Wenn ich das Radio wieder einschalte, kann ich *Radio sud sud* hören und weiß, daß ich zu Hause angekommen bin. Es ist, als hätte ich eine Grenze überschritten. Die Luft ist kühler, auch bei eingeschalteter Klimaanlage. Ich kontrolliere es auf dem Bordcomputer, und es stimmt: immer vier oder fünf Grad weniger. Das ist eines dieser Extras, der Bordcomputer, meine ich, auf die man glaubt, verzichten zu können. Doch wenn man ihn erst einmal hat, spielt man immer damit herum. Er dient hauptsächlich zum Zeitvertreib. Auf langen Fahrten, wenn du allein bist. Und ich bin immer allein. Von Mal zu Mal brauche ich weniger Zeit. Und von Mal zu Mal scheint es mir weiter, obwohl ich einen Volvo 480 turbo fahre. Er ist schnell, leise, bequem. Ich habe ihn gekauft, nachdem ich die Werbung gesehen habe. Es schien mir das beste Auto für einen wie mich, einen, der Stil hat und nicht allzusehr auffallen will.

Ich hatte gerade meinen Abschluß als Ingenieur gemacht – den ersten an der hiesigen Universität, und auch noch mit den besten Noten –, als ich einen Brief erhielt. Sie bestellen mich nach Mailand. Sie lassen mich nicht einmal zu Wort kommen. Ich unterschreibe den Anstellungsvertrag. Habe das Gefühl, daß ich es geschafft habe: Ich bin in Mailand, verdiene eine Menge Geld, sie finden sogar eine Wohnung für mich. Die Arbeit gefällt mir, ich lerne interessante Leute kennen, Mädchen, amüsiere mich also. Wenigstens kommt es mir so vor. Doch nach einem halben Jahr bin ich hier, auf dem Weg zurück nach Hause – ich bin erst vor einer Woche dagewesen –, und tippe auf den Leuchttasten meines Autotelefons – ja, das habe ich auch – Nummern ein. Versuche Sabri und die Freunde zu erreichen. Niemand da. Niemand nimmt ab, keiner daheim – schließlich ist Samstag abend.

Wenn ich am Anfang nach Hause kam, waren sie alle da, schlossen mich in die Arme und sagten: »Na, du läßt es dir gutgehen, he«, oder: »Ja, da ist das Leben«, oder: »Du hast es gut, und wir hängen hier in der öden Provinz.« Sabri sagte nichts, sie freute sich einfach, mich zu sehen. Jetzt scheinen sie mir immer gelangweilter, haben keine Lust mehr, mich in die Arme zu nehmen, mich immer das gleiche zu fragen: »Wann bist du angekommen? Na, wie sieht's aus? Wann fährst du wieder?« Sie haben sich an meine Abwesenheit gewöhnt. Haben sie hingenommen. Auch Sabri kommt mir distanzierter vor. Es ist, als wäre eine Art Schicht zwischen uns, die immer dicker wird. Das ist natürlich, sage ich mir. Ich erinnere mich, daß ich es als Kind so empfand, wenn ich Massimo nach den Ferien am

Meer wiedersah. Es gab dann diese Kälte zwischen uns. Dabei war er doch der Mensch, den ich am liebsten hatte. Doch sie verflüchtigte sich bald. Und wir waren wieder unzertrennlich.

Von meiner Familie bin ich der erste; niemand ist je weggegangen, und niemand hat auch nur im Traum daran gedacht zu studieren, und dann noch Ingenieur. »Landeigentümer«, steht im Ausweis meines Vaters, und ich glaube, das stand auch schon in dem meines Großvaters. Wenig Geld, doch ein ruhiges Leben. Nur daß bei all der Ruhe das Geld immer weniger geworden ist.

Ich erinnere mich, wie ich noch vor kaum einem halben Jahr gekleidet war. Erinnere mich an das Gesicht meines Vaters, als ich ihm gesagt habe, ich wolle mich für Ingenieurbau einschreiben. »Hast du dir das gut überlegt?« fragt er mich auf seine träge Art, während er eine seiner Pfeifen reinigt. Natürlich habe ich mir das überlegt. Man muß sich den Arsch aufreißen, aber wenigstens hast du nachher etwas Sicheres, nicht wie Massimo, der vor drei Jahren mit seinem Philologiestudium fertig geworden ist und noch immer »auf der Straße liegt«, wie man bei uns sagt, wenn einer arbeitslos ist.

»Studierst du wenigstens hier bei uns?« hat mich mein Vater enttäuscht gefragt. Die hiesige Uni ist gerade eröffnet worden, und ich denke gar nicht daran, zum Studium woanders hinzugehen. Einmal bin ich in einer dieser Studentenwohnungen in Rom gewesen. Massimos Wohnung, um genau zu sein, in der Via Collatina, also eine Stunde vom Zentrum, wenn alles gutgeht. Es gab ein Konzert der Devo. Im Waschbecken stapelte sich das schmutzige Geschirr, und auf dem Boden flogen die Wollmäuse herum, dazwischen lag ich in meinem Schlafsack. Am Morgen bringt Massimo mir ein Brötchen mit Käse – um diese Zeit –, und während ich es esse, dreht er einen Joint, und wir ziehen einen durch. Er starrt mich mit einem blöden Gesicht an, sagt: »Zum Glück haben wir diese Wohnung gefunden, bei den Mieten heute. Natürlich ist auch Platz für dich, im nächsten Jahr. Wir werden uns amüsieren. Da kannst du ganz beruhigt sein.« Ich sehe ihn an, sehe mir sein einfältig-glückliches Gesicht an und denke: ›Einen Scheiß werd' ich tun, und in dieses Loch ziehen.‹

Jetzt lebt er in einem Kaff, unterrichtet dort, hat eine »neue Dimension« gefunden, wie er mir erzählt. Er ist wieder einmal der Arsch, oder vielleicht bin ich der Arsch. Meine Wohnung habe ich jetzt in Mailand, im Zentrum, aber ich weiß nicht... Früher habe ich nie auf meine Art zu reden geachtet, zum Beispiel auf die Art, wie ich ein E oder ein O ausspreche: zu offen, und wenn ich es korrigiere, zu geschlossen. Es ist alles so anstrengend. Wenn ich jemanden sehen will, muß ich eine Woche vorher anrufen, sonst sitze ich allein da, höchstens mit Livia vor dem Fernseher. Und Samstag ist ein echter Alptraum: ›Was mache ich diesen Samstag?‹ Ich? *Ich* fahre nach Hause zurück – ich gehe auf den Corso, und alle sind da, und wenn sie nicht da sind, dann sind sie im »Gardenia«, oder allenfalls im »Runner«, du bist also nie allein, wenn du es nicht selbst willst. Aber wieso nimmt denn keiner ab, Scheiße.

Gestern abend: ein Fest in meiner Mailänder Wohnung. Ich bin das Essen kaufen gegangen, habe zum grauen Himmel geschaut – nein, Nebel gibt es nie, das fragen sie mich daheim immer, aber es ist so bedeckt – und die Angst in mir drin gespürt. Dabei ist doch alles gut. Die Nacht habe ich mit Livia verbracht. Sie ist sehr groß, sehr schlank, hat keinen Busen. Sie könnte als Mannequin arbeiten. Doch sie ist Kauffrau. Nach kurzer Zeit habe ich das Haus voller interessanter Leute, mit den »richtigen« Jobs, wie man hier sagt. Livia trägt eines ihrer Kleider, bei denen man die Phantasie gar nicht mehr bemühen muß – ich wünschte, einer meiner Freunde könnte sie und die anderen sehen. Und doch fühle ich mich... *deplaziert*, genau das. Als ich vom Metzger gekommen bin, mein Mund noch ganz angespannt von den Ausspracheübungen – die muß man auch dort machen, um sich nicht so trostlos anders zu fühlen –, habe ich beim Blick zum bewölkten Himmel an die absurdesten Dinge gedacht, sogar an meine Beerdigung, wer kommen würde, und da packt mich der Gedanke: ›Nein, mein Leben will ich hier nicht verbringen.‹ Ich schüttele den Gedanken ab. Versuche es. Versuche mir einzureden, daß es hier besser ist, daß ich die Stadt sozusagen erobert habe, daß ich ein Glückspilz bin.

Später läuft alles gut. Es gibt die richtige Musik und die richtige Beleuchtung, und auch die Snacks und die Drinks sind die richtigen, doch bevor ich den Mund aufmache, überlege ich mir immer, was ich sage und *wie* ich es sage. Ich mäßige auch meinen Ton: Wenn du zu begeistert bist, gibst du zuviel von dir preis. Am Ende fühle ich mich wie ein fader Fisch. Jeder Satz, jede Geste ist kalkuliert, unnatürlich. Ich versuche wieder, mir etwas einzureden, sage mir: ›Na ja, du spürst eben, daß die Leute hier dich noch nicht kennen. Warte ab, bis du dich eingefügt hast.‹ Der

Punkt ist, daß ich gar keine Lust habe, mich »einzufügen«. Ich bin, wie ich bin, nehmt mich so oder laßt es bleiben. Während mir diese Gedanken durch den Kopf gehen, betrachte ich Livia.

Es ist wirklich ein Schauspiel. Sie bewegt sich zwischen den Gästen wie die Hausherrin. Ich denke daran, wie sie sich letzte Nacht bewegt hat, als ich sie von hinten und von vorne gevögelt habe, daran, was sie nachher zu mir gesagt hat: »Mit einem aus dem Süden im Bett, das ist doch etwas ganz anderes«, was soviel heißt wie: Na ja, ihr habt auch eure Vorzüge. Klar hatte ich es ihr richtig besorgt – aber das muß man sich einmal vorstellen. Der Punkt ist, daß ich auch sie nicht mehr ertrage, wie sie sich vor mich hinstellt und sagt: »Das würde ich nicht tun, Schatz. Das würde ich nicht sagen. Wenn du es so machst, kannst du nichts falsch machen.« Sie denkt tatsächlich, daß sie Stil hat, und weiß nicht einmal, was Zahnseide ist, hat noch nie einen Film von Rohmer gesehen, liest dumme Illustrierte, ist nie in ihrem Leben auf Capri gewesen und hält Glenn Gould für einen Fußballspieler. Sie mit ihrer kurz angebundenen Art, ihrem gespreizten Single-aus-dem-Norden-Getue. Wir haben höchstens zehn Nächte miteinander verbracht, und sie redet schon von Heirat, daß sie es satt hat, allein zu leben. Ich schaue sie mir noch einmal an. Sie ist nicht schlecht, aber zusammenleben... Ich sehe uns beide vor mir, wie wir mit einem Joghurt vor dem Fernseher sitzen, und ich bekomme eine Gänsehaut. Sie ist so anders als Sabri. Ach, Sabri – warum bloß nimmt sie nicht ab?

Wir hatten uns überlegt, daß Sabri noch fertig studiert und wir dann heiraten und zusammen in Mailand wohnen.

Doch das einzige Mal, daß sie hier oben war, ist sie früher als geplant zurückgefahren, und später hat sie dann immer behauptet: »Jetzt geht es wirklich nicht, ich habe eine Prüfung«, wenn ich sie gebeten habe, mich doch wieder einmal zu besuchen. Dieses eine Mal habe ich sie zu einer Einladung bei den »richtigen« Leuten mitgenommen. Auf dem Rückweg sage ich Dinge wie: »Hast du den blöden Kerl mit dem Zöpfchen gesehen? Und die in dem fuchsienfarbenen Kleid, furchtbar, was? Ich glaube, die hat was mit dem großen Typ im blauen Anzug, der mit der Brille, der die ganze Zeit getrunken hat.« Bemerkungen, wie man sie eben so macht, wenn man von einem Fest kommt. Sabri schaut mich nicht einmal an, bewegt kaum den Kopf. Also sage ich zu ihr: »Aber nett sind sie doch?«

»Ja, nett«, antwortet sie, fügt dann mit Nachdruck hinzu: »Aber mir sind unsere Freunde lieber. Warum müssen wir denn ausgerechnet hier wohnen?«

Das frage ich mich auch, als ich den Typ beobachte, der mit Livia spricht. Er sitzt in einem der beiden Sessel von Iosa Ghini, die ich kürzlich gekauft habe, wippt mit seinem Fuß, der in einem roten Glanzlederschuh steckt. Die Zigarette, die er raucht, besteht zu drei Viertel aus Asche. Ich stehe auf und halte ihm einen Aschenbecher hin. Er läßt die Asche hineinfallen, ohne mich auch nur anzusehen. Auch Livia sieht mich nicht an, macht aber ein Gesicht, als wollte sie sagen: ›Also das hätte ich nicht getan.‹ – ›Ach leck mich doch‹, denke ich und gebe ihr das auch zu verstehen.

Ich gehe in mein Zimmer und rufe Sabri an. Warte, daß man sie ans Telefon holt. Auch bei ihr zu Hause: Partylärm. Nach einer Weile kommt sie an den Apparat, spricht mit belegter Stimme, als hätte sie getrunken. Sie ist so weit weg, viel weiter als die achthundertsechsundfünfzig Kilometer und fünfunddreißig Meter – ich habe sie mit dem Bordcomputer gemessen –, die uns trennen. Es ist traurig. Ich könnte heulen, wenn ich sie so höre, mit dieser Stimme. Ich stelle mir vor, wie zart sie ist, wie hübsch. Und nachdem ich aufgelegt habe, weine ich wirklich. Das ist mir seit dem Tag, als sie mich in den Kindergarten gebracht haben, nicht mehr passiert. Da sage ich mir: Es reicht. Sage mir: Morgen gebe ich alles auf und kehre zurück. Und jetzt sitze ich hier im Auto und mir geht durch den Kopf, daß ich mir an der Uni den Arsch aufgerissen habe und zum Schluß nur der erste Heimkehrer meiner Familie bin – mein Großvater begleitete die Unglücklichen höchstens bis nach Neapel, wenn »die Dampfer in See stachen« –, daß ich mir dann eben eine Arbeit suchen muß, daß es mir scheißegal ist, daß ich es mache wie mein Vater und alle anderen in der Familie. Daß ich nicht nach Mailand zurückgehe.

Es ist spät, als ich ankomme. ›Wirklich ein furchtbares Kaff‹, denke ich, kaum daß ich da bin und spüre, wie sich die Räder auf der Straße voller Schlaglöcher auf und ab bewegen, während ich die Häuser sehe, die man nach dem Erdbeben abgestützt hat. Welches Erdbeben war das letzte? Ich habe den Überblick verloren, es gibt hier inzwischen mehr als in Japan. Auf der Piazza ist kein Mensch. Im »Gardenia« frage ich, wo sie sind. Silvio auf der anderen Seite der Theke zuckt mit den Schultern. »Du wirst schon sehen, die kommen. Sie kommen immer«, sagt er, als wüßte ich das nicht, als wäre ich einer, der nicht dazugehört. Ich setze mich an einen Tisch. Trinke einen Sans Souci, noch einen. Warte. Sie spielen die letzte Platte der Prefab Sprout. Eine traurige, schmalzige Musik. Die um mich herum reden, amüsieren sich. Ich grüße den einen oder anderen. Sie reagieren fast nicht. Mir geht der Gedanke durch den Kopf, daß die Einsamkeit mein Schicksal ist, und während ich mich umsehe und mir alles häßlicher vorkommt, kleiner und ohne Eleganz, anders, als ich es in Erinnerung hatte, sage ich mir: ›Es kommt noch so weit, daß du dich hier auch nicht wohlfühlst – das zischende S der Leute aus dem Süden, die man in den Norden verpflanzt hat, habe ich mir schon beinahe angewöhnt –, Scheiße, ich habe es ja nicht anders gewollt.‹

Ich bin am Rand der schwärzesten Depression, als ich sie eintreten sehe: die Hemden strahlend weiß unter den dunklen Burberry's, die Krawattenknoten gelockert, die Mädchen in Seidenkleidern, mit Umhängetaschen und Glitzerschmuck. Sie schauen mich an, und ich habe Angst, doch sie kommen auf mich zu, lächeln, sagen: »Das ist ja eine Überraschung.« Ich sage: »Wo seid ihr denn gewesen?« Sie: »Auf einer blöden Hochzeit.« – »Und Sabri?« – »War auch da.« Sie schauen sich einen Moment suchend um. Bei manchen bemerke ich einen komischen Zug um den Mund, und mir entgehen auch die Blicke aus den Augenwinkeln nicht. Ein Mädchen sagt eilig: »Sie ist nach Hause gegangen, weil sie müde war.« Einen Augenblick lang ist es still. Einen Augenblick lang überlege ich, ob ich Sabri anrufen soll, doch es ist zu spät, bei ihr zu Hause schlafen schon alle. Dann gibt mir einer einen Klaps auf die Schulter und fragt in einem fröhlichen Ton: »Na, was gibt's Neues im Norden?« Ihre Gesichter haben einen zufriedenen, entspannten Ausdruck, sie sind seit jeher meine Freunde, und wir sind wieder zusammen. Da sage ich zum erstenmal die Wahrheit. Sage: »Dieses Scheißmailand, mir reicht's, ich komme zurück«, doch während ich das sage, einen weiteren Sans Souci kippe und sehe, daß sie plötzlich aufmerksam werden, den Kopf wiegen und mich mit dieser neunmalklugen Miene mustern, bin ich nicht mehr so sehr davon überzeugt. Ich höre Kommentare wie: »Das war klar«, »Was wolltest du denn da?«, »Ausgerechnet du«, höre die Freunde mehr als nötig lachen und wünschte wirklich, ich hätte ihnen nie etwas gesagt, wünschte, ich wäre nie zurückgekommen, möchte am liebsten gleich wieder wegfahren.

Schließlich reden sie über etwas anderes, zum Glück. Eine dieser Unterhaltungen über unwichtiges Zeug, die Freunde um diese Zeit führen, und da sehe ich sie hereinkommen, Sabri, in dem enganliegenden Helmut-Lang-Kleid mit den Straß-Ärmeln, das ich ihr geschenkt habe, als sie mich in Mailand besucht hat. Sie ist blaß, sieht erschöpft aus, und mir gefällt die Art, wie die anderen uns anschauen, wirklich nicht.

Wir sitzen jetzt im Auto, und ich habe ihr gerade gesagt, daß ich alles hinwerfe. »Klar, eine Arbeit wie die finde ich hier nicht. Ich muß mich mit Gutachten von Erdbebenschäden durchschlagen.« Sie hört schweigend zu. Schaut nach draußen, auf die Bäume, die sich sanft wiegen. Bei uns geht immer ein leichter Wind. Ich streiche ihr übers Haar: »Was ist, warum sagst du nichts, Sabri?« Sie wendet sich mir zu, ich glaube, sie hat feuchte Augen. Ich denke, sie hatte sich auch an den Gedanken gewöhnt, einen zu heiraten, der zu den »richtigen« Leuten gehört, und daß es für sie jetzt vielleicht anders aussieht. Wenn es das ist, kehre ich nach Mailand zurück. Ich liebe Sabri wirklich. Und außerdem bin ich so durcheinander. Ich sage: »Sieh mal, wenn du willst... Ich habe noch nichts entschieden... Aber wenn ich wirklich nicht mehr zurückgehe, ich meine: Würdest du mich dann trotzdem lieben?«

Sie betrachtet mich einen Augenblick lang. Da ist diese Stille, unterbrochen nur vom Rauschen der Bäume, von fernem Hundegebell, vom Motor eines vorbeifahrenden Autos. Dann sagt sie: »Du hast nichts begriffen, ich... Ich würde dich auch lieben, wenn du...«

Sie ist unsicher, zögert, zieht die Nase hoch: »Sogar wenn du ein Kellner wärst«, sagt sie.

Ich schaue ihr in die Augen, und ich glaube, sie ist aufrichtig.